Ernst Röhl

Neues aus den neuen Ländern

WILHELM HEYNE VERLAG
MÜNCHEN

HEYNE ALLGEMEINE REIHE
Band-Nr. 01/13511

Umwelthinweis:
Dieses Buch wurde auf chlor- und
säurefreiem Papier gedruckt.

2. Auflage

Originalausgabe 03/2002

Wilhelm Heyne Verlag GmbH & Co. KG, München
Printed in Germany 2003
Umschlagillustration: Hans-Eberhard Ernst

Umschlaggestaltung: Nele Schütz Design, München
Satz: Schaber Satz- und Datentechnik, Wels
Druck und Bindung: Ebner & Spiegel, Ulm

ISBN 3-453-19990-1

Inhalt

Rätselhaftes Ostdeutschland!
Wo mag es liegen?
Wer sind seine Bewohner? Und warum sind sie besser im Bett als die Deutschen?
Warum arbeiten sie, sofern sie Arbeit haben, länger, verdienen aber höchstens achtzig Prozent?
Woran erkennen wir sie überhaupt?
Ganz einfach: Der Ostler, besagen wissenschaftliche Analysen, ist durchschnittlich einen Zentimeter kleiner als der durchschnittliche Westler. Dieses Defizit gleicht der Ostler durch ein paar Kilo Übergewicht jedoch geschickt wieder aus.
Mit der deutschen Sprache allerdings geht es ihm wie mit seiner Frau. Er kennt sie, er liebt sie, aber er beherrscht sie nicht. Zwar versteht er sie einigermaßen, spricht sie aber längst nicht so eloquent-elegant wie der weltläufige Westler.
Warum nicht?
Nun, für ein gutes Deutsch spricht er einfach ein viel zu schlechtes Englisch.

Der Ostler, das unbekannte Wesen

Früher gab es Bundis und Zonis.
Heute gibt es Westler und Ostler.

Diese Wörter aber sollen wir nicht mehr sagen. Denn es sind Unwörter, die neue Mauern in deutschen Köpfen aufrichten und neue Gräben aufreißen in deutschen Herzen. Darum nehmen wir uns jetzt ganz fest vor, so schlimme Wörter wie Ostler und Westler nicht mehr zu verwenden!

Der Ostler übrigens ist der Sieger der Geschichte. Er siedelt in den fünf *neuen* Bundesländern. Der Westler muß mit den elf *gebrauchten* vorliebnehmen.

Der Ostler ist überall Ossi, im Osten wie im Westen.

Der Westler dagegen ist Wessi nur im Osten. Im Westen ist er nischt Besonderes.

Vor ein paar Jahren noch galt der Ostler als doof. Inzwischen ist bundesweit bekannt, daß einige Ostler doch auch verdammt knifflige Aufgaben lösen können, einige haben ja sogar Abitur.

Kleines Beispiel:

Ein Ostler und ein Westler bewerben sich um dieselbe Arbeitsstelle. Der Personalchef stellt beiden – wegen der Chancengleichheit – eine Stichfrage. Dem Westler stellt er die Frage: »Wie viele Leute leben in den fünf neuen Bundesländern?« – Antwort: »Etwa sechzehn Millionen.« – »Richtig!« – Und dem Ostler stellt er die Frage: »Wie heißen die Leute? Und wo wohnen sie?«

Ich selbst war schon einige Male persönlich drüben. Aber, ehrlich gesagt, da drüben ist es komisch!

Ich rede deutsch, aber die Leute verstehen mich einfach nicht. Darüber bin ich immer ganz unglücklich. Und die Westler sind dann auch immer ganz unglücklich; denn die möchten mich ja gerne verstehen. Ich tröste die dann immer. »Ich bin Ostler«, sag ich. »Ich bin anders. Und ich will anders sein. Versucht gar nicht erst, mich zu begreifen!« sag ich. »Ich bin unbegreiflich. Und ich will unbegreiflich sein!«

Aber wenn du da drüben so was sagst, dann bist du schon gleich unten durch. Neulich in Ostfriesland haben sie mir knallhart die gelbe Karte gezeigt und gesagt: »Letzte Verwarnung, Sportsfreund! Wenn hier in Deutschland einer unbegreiflich ist, dann sind wir das!«

Tja, so sind sie, unsere Ostfriesen! Täglich treffen ganze Busladungen mit Ostfriesen in Mecklenburg-Vorpommern ein, um hier für ein paar glückliche Stunden den Rausch intellektueller Überlegenheit zu genießen.

Bloß das funktioniert leider nicht!

Denn im Osten gehen die Uhren anders. Und weil unsere Uhren anders gehn, denkt der Westler gleich, unsere Uhren sind kaputt.

Ich weiß ja auch nicht, ob wir damals nicht vielleicht doch ein bißchen zu weit gegangen sind ... 1989!

Wir waren das Land mit der höchsten Planerfüllung in der ganzen Welt!

Wir hatten eine frei konservierbare Währung!

Unsere Bonsais waren die größten der Welt!

Wir waren im Weltmaßstab führend im Stolz auf uns selbst. Kein Volk der Welt war so unbändig stolz auf uns wie wir!

Und es gab etwas, das machte uns auf der ganzen Welt

keiner nach: Wir hatten seit langem schon eine Weltanschauung, obwohl wir uns die Welt noch gar nicht angeschaut hatten.

Und die Jungen Pioniere, die spielten nicht mit Barbiepuppen, sondern sammelten fleißig Sekundärrohstoffe, auf den Lippen ein fortschrittliches Lied:

Hamse nicht noch Altpapier –
Flaschen, Gläser oder Schrott?
Bitte, bitte, geb'n se's mir,
sonst holt sich's die FDJ!

Und dann immer diese Mangelwirtschaft! Unser Handel hatte alles, was wir nicht brauchten. Aber Losungen und Parolen jede Menge!

Zum Beispiel:

Es liegt in deine Hände,
verhüte Brände!

Zugegeben, das war grammatisch nicht hundertprozentig. Aber mußte es grammatisch überhaupt richtig sein? Geht es hier um Grammatik oder geht es um höhere Werte? Na, sehnse! Die grammatisch perfekte Version hätte heißen müssen: Es liegt in deinen Händen – verhüte Brände! Aber das klingt doch nach nischt, Kinder! Der Reim ist futsch! Der Spruch hätte längst nicht so aufgerüttelt! Es hätte wahrscheinlich viel öfter gebrannt!

Der Reim arbeitet ja in der Poesie immer stark mit:

FDJler, in den Wald,
macht den Borkenkäfer kalt!

Oder:

Frauen und Mädchen, ran
im Wettbewerb von Mann zu Mann!

Natürlich, wer eine gute Idee hatte, schaffte es gelegentlich auch ohne Reim. Zu DDR-Zeiten bin ich mit meinem Trabant immer kreuz und quer durch die DDR gebraust. Ich hatte ein Vokabelheft an Bord und habe fleißig alles notiert, was gut und schön war. Eines Tages komme ich an einer Hilfsschule vorbei, Sonderschule, kann man auch sagen, und was steht an der Fassade dieser Hilfsschule? Es steht dran: Wir sind die Kinder der neuen Zeit!

Und an der Kartoffelstärkefabrik in Kyritz an der Knatter, Kyritz in der Prignitz kann man auch sagen, an dieser Stärkefabrik stand: Wir stärken die Deutsche Demokratische Republik! Und an der Nervenklinik in Eberswalde stand: Alles, was wir sind, sind wir durch die Partei!

Wie geistreich klingen dagegen die funkelnden Werbeslogans der Gegenwart: Haribo macht Kinder froh, und Erwachs'ne ebenso.

Carefree-Slipeinlagen mit dem Morgenfrischegefühl.

Und HAKLE, der deutsche Multi für Rektalhygiene, kommt groß raus mit seiner Parole:

HAKLE feucht ist so famos,
hält sauber auch die Unterhos'.

Ja, das eine muß man ihm lassen, dem Westler: Dumm ist er nicht.

Der weiß doch genau, daß man ein After Shave auch fürs Gesicht benutzen kann.

Und positiv denken, das kann er. Viel besser als ihr alle zusammen! Mensch, ihr müßt euch doch nicht ärgern über die Arbeitslosigkeit! Freut euch doch endlich auch mal darüber, daß die Arbeitsunfälle so selten geworden sind!

Kurz und gut, die Zeit ist reif!

Überwinden wir, was uns trennt! Neulich erst habe ich eine Gesellschaft für deutsch-deutsche Freundschaft gegründet.

Vergessen wir das eine nicht: Da drüben wohnen auch Leute. Und gar nicht mal wenig! Vierundsechzig Millionen! Achtzig Prozent aller Deutschen sind Westler.

Das muß man auch mal sehen!

Wir hier im Osten, liebe Freunde, sind mit Mühe und Not zwanzig Prozent.

Die bittere Wahrheit ist: In Deutschland sind wir die Minderheit.

Aber!

Randgruppe oder Elite – das ist hier die Frage.

Also, ich denke ja, Elite!

Dafür spricht auch die neueste Emnid-Umfrage, Thema: Macht Fernsehen blöd?

Was stellt sich raus bei dieser Umfrage?

Es stellt sich raus: Zwanzig Prozent aller Deutschen glauben, daß Fernsehen blöd macht. Und die restlichen achtzig Prozent hatten die Frage nicht verstanden.

Lasagne

Sagen wir so: Der Ostler hat die Arbeit nicht erfunden. Experten bezeichnen ihn als regelrecht arbeitsscheu. Er ruht, inmitten blühender Landschaften, seelenruhig in der sozialen Hängematte; faulenzen wie bei Honecker, Fettlebe wie bei Schröder – so läßt er sich's gefallen. Besorgt fragen sich die Menschen im Westen: Gefährdet er, stinkend faul, wie er nun mal ist, am Ende vielleicht gar unsere Demokratie, die ohne deutschen Fleiß und deutsche Wertarbeit undenkbar ist.

»Hätte man nach 1989«, fragt einer der besorgten Autoren, die ihr Schaffen speziell diesem Thema weihen, in einem preisgekrönten Aufsatz, »nicht doch sofort alle Zonis erschießen sollen? Oder wenigstens alle Thüringer und Sachsen? Zehn Jahre danach erscheint der Gedanke noch naheliegender, als er damals schon war. Aber so ist das: Hinterher ist man immer schlauer.«

Viele Menschen aus dem Westen unserer Heimat übersiedelten in die neuen Bundesländer, um fleißig mitzutun beim Aufschwung Ost. Frau Gabi M. beispielsweise kam aus Wuppertal in den Osten; ihr Gatte hatte im Osten eine erstklassig dotierte leitende Stellung abgegriffen, wie nach der Vereinigung so viele Menschen aus dem Westen unserer Heimat.

Nach Frankfurt an der Oder hat es die M.s verschlagen, und, warum lange drum herum reden: Es ist die Hölle!

Man kann sich in Frankfurt/Oder nasse Beine holen, aber denken Sie, man kriegt trockene Weine?! Immer bloß die schweren, süßen aus Ungarn. Die Ostler verwechseln ständig Oregano mit Ikebana, und sie sehen immer noch so aus, als hätten sie ihre Klamotten in der Altkleiderbox erbeutet. Aber ein Selbstbewußtsein! Ein Selbstbewußtsein, das hält man nicht für möglich. Wenn im Kreuzworträtsel nach einem französischen Opernkomponisten gefragt wird, tragen sie knallhart den Namen Bidet ein.

Und das Beschämendste: Sie wissen ums Verrecken nicht, was Lasagne ist!

Frau M. ist so erschüttert, daß es in ihr sofort zu dichten beginnt.

Sie schreibt sich den Einheitsfrust von der Seele in einem Buch mit einem Titel, der neugierig macht. »NeuLand«, so der Titel, und Ostler, die es schaffen, »NeuLand« durchzuarbeiten, können eine Menge lernen, vor allem über Zubereitung und kunstvollen Verzehr einer Lasagne.

Feinschmecker des Ostens, alle mal herhörn! Lasagne ist so was Ähnliches wie Bandnudeln, nur viel breiter, so als wären die Bandnudeln plattgewalzt zu DIN-A4-Blättern. Mit diesen Lasagneblättern können Sie machen, was Sie wollen, zum Beispiel

Lasagne alla piemontese

(zu deutsch Steinpilz-Lasagne)

Zutaten für 6 Personen:

- 500 g Lasagne-Blätter
- 100 g getrocknete Steinpilze
- 1,5 kg Fleischtomaten
- 100 g Zwiebeln
- 2 mittelgroße Knoblauchzehen
- 250 g Parmesan
- 1 Achtel l Öl

- 80 g Butter
- 1 EL Olivenöl
- 20–25 kleine Salbeiblätter

Zubereitung:

Steinpilze in heißem Wasser einweichen.

Tomaten einritzen und brühen. Stielansätze keilförmig herausschneiden. Tomaten häuten, vierteln, die Kerne herausdrücken und das Fruchtfleisch in Spalten schneiden. 350 g davon abwiegen und beiseite stellen.

Zwiebeln und Knoblauch pellen und fein würfeln. Knoblauch durch die Presse drücken.

Parmesan grob raffeln.

Öl und Butter in flachem Topf erhitzen. Zwiebeln und Knoblauch glasig andünsten. Tomaten und Steinpilze zugeben und bei milder Hitze 35–40 Minuten einkochen. Mit Pfeffer würzen.

Die Lasagne-Blätter nach Packungs-Aufschrift garen. Eine eckige, ofenfeste Form (30 x 25 cm) mit Olivenöl auspinseln, mit Lasagneblättern auslegen, 2 EL Tomatenmasse draufstreichen. 4–5 Salbeiblätter und 3 EL Parmesan darüber verteilen und 10 Tomatenscheiben auflegen. Die Zutaten in gleicher Weise weiterschichten, dabei 4 EL Käse und 5–6 Salbeiblätter zurückbehalten. Käse und Salbei obenauf legen und mit dem restlichen Olivenöl beträufeln.

Lasagne im vorgeheizten Backofen bei 225 Grad auf der 2. Einschubleiste von unten 30 Minuten garen.

In der Form servieren. Guten Appetit!

Ein Roman, den seine Autorin mit leckeren Lasagne-Rezepten anreichert, wird ganz von selbst zum Bestseller. Aber Gabi M. verstand sich auch aufs Formulieren, wie die folgende Kostprobe beweist:

Die kleine Frau M. gab mit spitzen Fingern eine Prise Oregano, italienisch: Origano, an ihre Lasagne con pesto alla genovese. Lasagne war, neben Kartoffelgratin, ihr Erfolgsrezept im Wuppertaler Freundeskreis gewesen.

Gabi M. galt nicht nur – wie Hera Lind – als deutsche Schriftstellerin, sondern auch – wie Alfred Biolek – als exzellente Köchin. So war es denn nicht allein für ihre Leser links und rechts der Wupper, sondern auch für den harten Kern der nordrhein-westfälischen Feinschmeckerschaft ein herber Schlag, als sie eines Tages, verlegen lächelnd, durchblicken ließ, sie werde höchstwahrscheinlich umziehen, sie plane eine geradezu revolutionäre Luftveränderung.

Ihrem Gatten, einem aufstrebenden Mediziner, sei die Position eines Chefarztes angeboten worden, in einer Stadt, deren Namen an Rhein und Ruhr keine Sau kannte – tief im Osten, weit hinterm Mond, sogar noch hinter Berlin, wo, wie der Kenner weiß, übergangslos die sibirischen Steppen beginnen.

Keiner wollte eine solche Tatarennachricht glauben. Alle hielten sie für eine jener Schreckensmeldungen, die jeden Small talk so erfreulich aufhübschen. Da riech et doch überall so betörend nach Braunkohle, hieß es. Herr M. rückte den Irrtum gerade. Der Aufschwung Ost, erklärte er, habe zu einem flächendeckenden Abbau der Schmuddelindustrien geführt, speziell zu einer Gesundschrumpfung der Braunkohle. »Darum riecht es auch nicht mehr so eklig nach Schweiß«, sagte Frau M., »stellenweise duftet es sogar schon nach Chanel Nummer fünf.«

Was sich zunächst angehört hatte wie die Laune einer kleinen Frau, war bitter ernst gemeint. Eines Tages verließen die M.s ihre Heimat und übersiedelten in eine Region, von der nur Besoffene annehmen konnten, sie gehöre noch zur Freien Welt. Zur Äußeren Mongolei ja, zur Inneren Mongolei, warum nicht! Aber zur Bundesrepublik Deutschland? Ausgeschlossen.

Dabei war das Bedrückende nicht einmal die Landschaft. Die Gegend war soweit ganz in Ordnung, alles im grünen Bereich: schmucke, neue Tankstellen, Supermärkte und Fertighäuser, eine Pommesschmiede von McDonald's, hier ein blauer See, dort ein raunender Kiefernhain. Der Aufbau Ost ging zügig voran. Straßenbau an allen Enden. Gerne nahmen die M.s Sperrungen, Umleitungen und improvisierte Verkehrsschilder in Kauf: Kraftfahrer! Wegen Bauarbeiten auf der Umleitung ist die Hauptstraße vorübergehend für den Verkehr freigegeben!

Die meisten Straßenschilder strahlten immer noch den zweifelhaften Charme der zweiten deutschen Diktatur aus. Im Fernsehen hatten die M.s miterlebt, wie Bürgerrechtler die alten, überlebten Schilder entfernten. Die Ernst-Thälmann-Straße wurde zum Holzweg, die Straße der Kosmonauten zur Straße der Konsumenten, die Straße der Befreiung zur Straße der Bereifung. Doch solche Umwidmungen waren offenbar Ausnahmen geblieben; denn die stalinistischen Straßenbezeichnungen, all die August-Bebel-Straßen, Karl-Marx-Alleen und Friedrich-Engels-Gäßchen, verschandelten das Stadtbild noch immer.

Sonntags unternahmen die M.s Sightseeing-Fahrten durch die neuen Bundesländer, zu den Galopprennen im Hoppegarten etwa. »Setz den Florentiner auf«, sagte Herr M., »ich fürchte, Gabi, der Hoppegarten ist hier weit und breit die einzige Gelegenheit, deine Hüte auszuführen!«

Unvermutet fanden sie sich eines schönen Tages im tiefsten Polen wieder. Gubin stand auf dem einen Ortseingangsschild, Lubin auf dem nächsten, zum Glück alles mit deutscher Übersetzung: Guben und Lübben. Ähnlich erging es ihnen in einem polnischen Dorf namens Chosebuz.

Sehnlichst gewünscht hatte sich Frau M. eine Fahrt nach Weimar, in die berühmte Stadt der Dichter und Denker. Wie schön, daß es ihrem Gatten gelang, sich für ein Wochenende freizumachen und ihr diesen Wunsch zu erfüllen.

Gemeinsam besuchten sie die Geburtsstadt Goethes und Schillers und hatten großes Glück mit ihrem Stadtbilderklärer. Bis zur sanften Revolution mußte er als Germanistikprofessor lehren an der Karl-May-Universität Leipzig und hatte nach der Wende nicht gezögert, sein Hobby zum Beruf zu machen.

Obwohl selbst echter Ostler, war er auf seine Landsleute gar nicht gut zu sprechen. »Oh, diese Schamlosen!« klagte er. »Sie latschen in ihren ausgebeulten braunen Armee-Trainingsanzügen über den weltberühmten Frauenplan! Was sollen nur unsere Besucher aus den alten Bundesländern denken!«

Ihre Frauen, dachte Frau M. bei sich, sehen leider nicht besser aus: Muttitypen mit Dauerwelle und Kopftuch. Schrill-giftgrüne Lurexpullover brachten die griffigen Jahresringe so recht zur Geltung. Offenbar hatten sie nicht vor, sich irgendwann doch mal zu trennen von ihren geliebten Dederonbeuteln, die sie in Handarbeit aus abgelegten, fadenscheinigen Küchenschürzen herstellten.

Frau M. hatte die Menschen im Osten immer bewundert für ihren Mut und empfand es nun als kränkend, daß diese fabelhaften Revolutionäre sich so gehenließen und rumliefen wie die rumänischen Bahnhofspenner.

Familie M. hatte fürs erste eine Villa gemietet, deren Wände mit scheußlichen dunkelbraunen Blümchentapeten beklebt waren und schleunigst gemalert werden mußten. Ihr Vermieter, der Genosse Koslowski, war nicht nur ein Betonkopf, sondern auch ein Fettsack.

»Warum nur«, fragte die gertenschlanke Frau M., »sind die Leute im Osten nur solche Fettsäcke?«

Ihr Gatte als Chefarzt kannte die einschlägigen Erhebungen; er konnte es ihr erklären: »Ganz einfach, Gabi! Weil sie Ossis sind.«

»Aber«, hinterfragte errötend die kleine Frau M., »stimmt es denn wirklich, daß hier im Bett mehr los ist als in Wuppertal?«

»Ein Aberglaube«, sagte Herr M., »ein Mythos, den die SED-Nachfolgepartei in die Welt gesetzt hat, um ihre Wähler in unverantwortliche Sexabenteuer zu stürzen.«

Nun mußte die Lasagne aber langsam soweit sein. Frau M. rundete mit einer allerletzten winzigen Prise Oregano ab.

So!

Fertig!

Die Gäste konnten kommen.

Und sie kamen.

Aber wie sie wieder aussahen!

Der Genosse Koslowski im alten, ausgebeulten Trainingsanzug von der Nationalen Front. »Ein Mann über vierzig ohne Bauch is'n Krüppel!« krächzte er. Das war so sein Humor!

Frau Koslowski trug ihre Rettungsringe so selbstbewußt zur Schau, als hätte ihr die Deutsche Lebensrettungsgesellschaft soeben einen Posten als Rettungsringmutterschiff angeboten.

Herr M., Gastgeber und für die Getränke zuständig, war verzweifelt. Keiner seiner Gäste wollte auch nur nippen an seinen teuren trockenen Weinen.

»Hamse nich wat Lieblichet?« fragte Frau Koslowski.

Auch ihr Gemahl winkte heftig ab. »Bloß keen Wein!« rief er. »Im Doppelkorn liegt Wahrheit, denn ein Doppelkorn kommt selten allein!«

Frau Koslowski führte gleich das große Wort. »Früher war't bessa jewesen«, sagte sie, »wat die dir heute als Schrippe vakoofen, det is doch die reinste Luftnummer, is doch det! Die Orjenal-Ostschrippe war ville bessa jewesen. Aba heute is ooch nich allet schlescht«, fuhr sie fort, »unse Tochta ihr Freund, der is Küchenscheff, aba janz wat Hohet, der is Deutscha Meista inne Jemeinschaftsvafleejung, staunt'a, wa?«

Nein! Nein! Nein!

An eine gepflegte Konversation war gar nicht zu denken.

Um zu retten, was vielleicht noch zu retten war, trug Frau M. ihre mit viel Liebe komponierte Lasagne auf, und es glückte ihr tatsächlich, den zaudernden Koslowski zu einer Kostprobe zu überreden.

Wie eine triefende, fadenziehende Stulle lag das Stück Lasagne in seinen Arbeiter-und-Bauern-Pranken mit den schwarzen Fingernägeln.

»Herr Koslowski«, sagte Frau M. ganz, ganz lieb, »Ihr Besteck liegt direkt neben der Serviette!«

»Nee, lassense man, Gneedigste. Det jeht schon ürjendwie.« Mit schmerzverzerrtem Gesicht biß Koslowski tapfer in seine ›Latzanje‹.

»Wenn es Ihnen nicht schmeckt«, sagte Frau M., »müssen Sie es natürlich nicht unbedingt essen.«

»Nee, nee, Gneedigste, der Mensch muß allet mal probiern! Nu weeß ick wenichtens, uff wat ick vazichten kann.«

Nein!

Es war nichts zu retten.

Absolut nicht.

Warum nur wollte einfach nicht zusammenwachsen, was doch zusammengehörte!

Was waren das überhaupt für Menschen, die schlichten Sekt nicht von edlem Champagner zu unterscheiden vermochten?! Früher hatten sie sogar im Russenmagazin eingekauft, was immer das sein mochte.

Lange lag die kleine Frau M. wach in dieser Nacht. Sie beschloß, über all das, was sie hier durchmachen mußte, einen Bestseller zu schreiben.

Dieser Bestseller sollte den Menschen in Europa die Augen öffnen!

Bei diesem Gedanken entschlummerte sie und hatte einen bösen Traum.

Sie weilte auf dem Bundespresseball und sah sehr, sehr gut aus. Daran und wohl auch an ihrem tief ausgeschnittenen, pinkfarbenen Vivienne-Westwood-Kleid mochte es liegen, daß ein blutjunger, gutaussehender Chefverleger eines großen internationalen Bestsellerverlages auf sie aufmerksam wurde. Charmant forderte er sie zu einem flotten Tänzchen auf und sagte ihr viel Schmeichelhaftes.

Dann aber leistete er sich einen ganz bösen, unverzeihlichen Ausrutscher.

»Daß ausgerechnet Sie, liebe, gnädige Frau«, sagte er, »aus dem Osten stammen, also, das merkt inzwischen keine Sau mehr!«

Hosen runter, Hosen rauf oder was?

Ich will ja nicht übertreiben. Aber wenn die Temperatur mal nicht so mitspielt, wenn der Hochsommer sich als grüngestrichener Winter präsentiert, ist das, was sich da oben abspielt an den geistig verminten Stränden von Mecklenburg und Vorpommern, der reinste kalte Krieg, bloß ohne Neutronenbombe und Tarnkappenbomber.

Daß es Zank und Streit und Mord und Totschlag gibt um die Ostimmobilien, okay, dafür hat gewiß jeder Verständnis. Daß aber in der deutschen Badehose eine so gewaltige, alles vernichtende Sprengkraft steckt, hätten selbst die erfahrensten Sprengstoffexperten nicht gedacht.

Mein Vetter Hauke Hauksen aus Flensburg-Harrislee jedenfalls hat, wie sich im Konfliktfall immer wieder rausstellt, ganz andere Vorstellungen von Sitte und Moral als wir. Elfie und ich wollten ihn einfach mal mitnehmen an den Strand, aber er wußte schon, an welchen.

»Dahin?!« rief er. »Da kriegen mich keine zwanzig Pferde hin!« Unsere totalitär geprägten Ansichten von der Freikörperkultur seien moralisch leider nicht konsensfähig.

Jedes Jahr drückt er treu und brav dreitausend Mark Kirchensteuer ab, und Hinterziehen kommt für ihn, speziell bei der Kirchensteuer, nicht in Betracht. Auf keinen Fall! »Nur über meine Leiche!« sagt er. Denn der liebe Gott sieht alles. Infolgedessen fühlen sich beide, Hauke Hauksen und Jehova, an der ostdeutschen Ostsee durch die schamlose Nacktheit der Eingeborenen in ihren religiösen Gefühlen tief verletzt.

Gott schweigt zumeist.

Doch Hauke spricht Klartext.

»Die Ostler sind Ferkel«, sagt er. Der östliche Blößenwahn sei eine Vorstufe zum Kindesmißbrauch. Und wenn er das sagt, dann ist da auch was dran.

Ich weiß bloß noch nicht, was.

Vielleicht liegt es daran, daß es im Westen den Körper offiziell schon lange nicht mehr gibt!

Zwischen Zugspitze und Harrislee ist der Körper längst vom Body verdrängt worden, und der Body unterscheidet sich vom naturbelassenen Körper ganz entscheidend dadurch, daß er gnadenlos gepflegt daherkommt, in einer Duftglocke von Deo, Lotion und After Shave, gepudert und geschminkt, hochgestylt, gepierct und vollgepflastert mit Tattoos und Tätowierungen.

Auch in diesem Punkt hinkt der Ostler chancenlos hinterher.

Ich selbst habe, offen gesagt, ein unverkrampftes, geradezu herzliches Verhältnis zum nackten Körper. Und Baden ohne Badehose ist ja auch viel gesünder. Wußten Sie, daß achtzig Prozent aller Nierenerkrankungen in der alten Bundesrepublik zurückgehen auf die Verdunstungskälte feuchter Badehosen?

In der ehemaligen DDR war diese ehemalige Zahl seit den sechziger Jahren stark rückläufig; das hing mit dem Siegeszug der Freikörperkultur zusammen, den die ehemaligen bewaffneten Organe ebenso wenig aufhalten konnten wie die Ethiklektionen im Parteilehrjahr. Wißt ihr noch, Kollegen, wie wir uns damals einfach so aufgestellt haben, in Reih' und Glied, wenn ich mal so sagen darf, und wie wir uns dann im Kollektiv gegenseitig die Hosen runtergerissen haben?! Auf Kommando! Drei, vier, und runter damit! In einmütiger Verbundenheit haben wir die Vopo mit unseren blanken fünf

Buchstaben konfrontiert und im stillen gedacht: Vopos, ihr könnt uns mal!

Und wenn die sowjetische Besatzungsmacht gegen uns mobil gemacht wurde, haben wir bloß fröhlich gewinkt und gerufen: »Hallo, Towaritschi, die Augen links! Vor Freunden haben wir keine Geheimnisse!«

Wir haben sogar die Zensur so weit aufgeweicht, daß ein Bestseller mit dem Titel »Nackt unter Wölfen« ganz normal erscheinen konnte. Mitten in der DDR! In einem volkseigenen Verlag. Ja. So war das! Jedenfalls hab ich keinen Bock, mir vom Papst oder von Sakralstalinisten wie dem Kardinal Meißner, dem Stellvertreter des Stellvertreters Gottes auf Erden, das Nacktbaden verbieten zu lassen. Das hab ich mir von den Funktionären der zweiten deutschen Diktatur auch nicht verbieten lassen.

»Ach, Mann, hör doch auf«, sagt mein Vetter Hauke Hauksen, »du hast auch für alles eine Ausrede! Bei euch im Osten gab's doch bloß keine Bikinis!«

Wenn ich ihm erzähle, was bei uns los war, schlägt er die Hände überm Schädel zusammen. Und daß das Regime gegen uns FK-Kulturisten nur die grüne Vopo eingesetzt hat und nicht gleich die Stasi, das glaubt er sowieso nicht, das kann er gar nicht glauben.

Aber wenn's gegen die Nudisten geht, sagt er, bitte schön, dann hat er für seine Person, sagt er, und ich möge das bitte nicht falsch verstehen, für die Stasischergen sogar ein Stück weit Verständnis, ausnahmsweise, so schief sein diesbezüglicher Standpunkt bei der Birthler-Behörde auch ankommen mag!

»Ich bin wirklich nicht prüde«, sagt er, »da kannst du fragen, wen du willst! Ich hab nichts gegen Busengrapschen oder gegen eine anständige Tittenzeitung, auch nicht gegen einen Kinderporno aus dem Internet oder gegen Lolita-Fickimicki auf Sylt, wenn das ohne Gummi gemacht wird, und schon gar nichts gegen Tierliebe mit vierbeinigen Freunden, Ferien auf dem Bauernhof, wo man direkt im Grünen mal so richtig die Sau rauslassen kann, und das darf ruhig auch ein Stück weit mehr sein als bloß primitiv und naturbelassen mit Vögeln und Geflügel im ersten Zugriff, meinetwegen eine ausgewachsene Schweinerei ganz ohne Lack und Latex. Das ist schlicht und ergreifend Lebensfreude pur, mein Alter, das ist der richtige Hedonismus. Nee, schmink dir das ab, mein Alter, du kannst mir nachsagen, was du willst, bloß eins nicht – Prüderie!

Aber! Alles muß seine Grenzen haben! Vetteln mit zweihundert Prozent Übergewicht und Dolly-Buster-Glocken«, sagt er, »solche Typen splitternackt am Campingherd, oh, no, bebi, senk ju werry matsch, dafür bin ich damals nicht auf die Straße gegangen!«

Bei ihm in Flensburg-Harrislee wäre so was unmöglich.

Da heißt es am Badestrand: Sehen und gesehen werden! Wer hat den angesagtesten Tanga, wer hat die teuerste Badehose? Aber dieses Feeling für Styling und Ästhetik sucht man im Osten leider vergebens. Immer noch! Und, glaubt er, noch lange. »Keine Hose auf'm Arsch, aber La Paloma pfeifen!«

Ich zucke die Achseln.

Wenn das alles für ihn so schrecklich sei, sage ich, dann wär's doch wohl das beste, er verzieht sich wieder nach Kampen oder Norderney oder meinetwegen nach Monte Carlo.

Doch so einfach ist es eben nicht.

Er hat ja erst vergangenen Herbst das Grundstück in Warnemünde gekauft. »Irgendwas mußt du ja abschreiben von der Steuer, wenn du schon«, wiehert er, »deine Alte nicht mehr absetzen darfst!«

Die Gegend, doch ja, na klar, MeckPomm, vielleicht nicht so ganz hundertprozentig sein leffel, bestenfalls eine Art

Costa Blanca für Arme, ansonsten aber queit normel: frische Luft, goldener Strand, blaues Meer.

»Mal ganz objektiv«, sagt er, »die Natur hat es gut gemeint mit dem Osten! Wir im Westen hatten zum Ausgleich ein bißchen mehr Glück mit den jumen reits: Demokratie, Reisefreiheit, diese Sachen.«

Das sei überhaupt der Punkt!

Wenn ich mich über ihn aufrege, weil er seinerseits sich über den Nacktkult aufregt, dann, sagt er, muß er im Gegenzug mir leider sagen, und zwar in aller Deutlichkeit und ohne Wenn und Aber: Er läßt sich seine Freiheit nicht einschränken. Er trägt auch im Osten, in aller Öffentlichkeit, seine kostbare Badehose. Damit kann er sich sehen lassen, überall auf der Welt; denn sie hat mehr als achthundert Mark gekostet.

»Der Ostler«, sagt er, »zeigt mit seinem nackten Arsch doch bloß, daß er noch nicht angekommen ist in Deutschland, immer noch nicht.« Und warum nicht? Weil der Ostler nicht wirtschaftlich denken kann.

Der kommt Jahrzehnte nach dem Mauerfall immer noch nicht auf die Idee, daß die deutsche Textilindustrie stinksauer ist auf die ganze Bande von Nacktbadern.

»Nacktbaden«, hämmert er mir ein, »setzt wertvolle Arbeitsplätze aufs Spiel!« Das, sagt er, sei an sich schon schlimm genug. »Aber das allerschlimmste ist: Am Nacktstrand hast du deinen Ausweis nicht am Mann.«

»Nö«, sag ich, »das geht ja nicht, den müßtest du dir ja schon sonstwohin stecken.«

»Siehste!« ruft er. »Siehste! Das ist genau der Punkt! Daß mich einer mit'n Konsumverweigerer verwechselt, das fehlt mir grade noch! Ich geh gerne baden, für die deutsche Einheit sowieso, jederzeit, ganz egal, wie kalt das Wasser ist. Aber nicht unten ohne! Nicht ohne meine Markenbadehose!«

Heimat

Alle naselang werde ich gefragt: Was hast denn du eigentlich für ein Auto?

Ein grünes, sage ich.

Dann kucken sie dumm.

Denn von der Farbe will ja, genaugenommen, keiner was hören.

Alle wollen bloß wissen, welche Marke. Und ich soll aus voller Brust den heiligen, möglichst deutschen, Markennamen hinausposaunen in die Welt.

Dazu wäre ich auch durchaus bereit.

Mit Freuden.

Allerdings nicht unentgeltlich!

Nicht für naß!

Nicht im Ehrenamt sozusagen!

Aber für Geld, für Honorar – warum nicht!

Wenn es wie Werbung bezahlt wird, herzlich gern.

Im Ausland werde ich oft gefragt: Woher kommst du?

Dann raune ich: Aus dem Land der ältesten Abiturienten und jüngsten Rentner der Welt.

Ah, Deutschland, heißt es dann: Verona Feldbusch, Schumi, Möllemann, Angela Merkel!

Die nächste Frage lautet: Wie ist es da so, bei euch in Deutschland?

Darauf fällt mir die Antwort nicht schwer. In England, sage ich, ist alles erlaubt, was nicht ausdrücklich verboten ist, in Deutschland ist alles verboten, was nicht ausdrücklich erlaubt ist, und in Frankreich ist alles erlaubt, vor allem, wenn es verboten ist.

In Paris kannst du lange suchen, mein Freund, du wirst kein einziges Auto finden, das mit staatsnahen Parolen beschriftet wäre, etwa mit dem Treueschwur: Juchhei, ich fahre nach der Straßenverkehrsordnung! In Berlin habe ich neulich gleich zwei haargenau so dekorierte Autos gesehen, beide mit Potsdamer Kennzeichen, und natürlich hockte in jedem ein Herr mit Hut hinterm Lenkrad.

Für die Teilnahme am öffentlichen Personennahverkehr gelten ähnlich strenge Regeln. Schwarzfahren, bei anderen Völkern ein beliebtes Kavaliersdelikt, nennt der deutsche Verkehrsrichter Fahrgeldhinterziehung, in schweren Fällen Beförderungserschleichung.

Revolutionen und Montagsdemos finden in Deutschland, wenn überhaupt, erst nach siebzehn Uhr statt, nach Feierabend also, und der deutsche Revolutionär ist den Rebellen in aller Welt ein Vorbild vor allem wegen seiner Verkehrsdisziplin. Sobald er eine Ampel erspäht, stellt er sich an und wartet, bis sie grün wird. Er wartet auch, wenn die Ampel gar nicht eingeschaltet ist. Er wartet sogar, wenn gar keine Ampel vorhanden ist.

Mit anderen Worten: Er wartet lange.

Das kann er sich leisten; denn in Friedenszeiten wird der Deutsche sehr, sehr alt.

Und dafür hat er seine Gründe.

Grundlos zu altern käme ihm gar nicht in den Sinn.

Der Deutsche und seine Frau wollen steinalt werden, und zwar nicht irgendwo weltentrückt auf einer einsamen Parkbank, sondern unmittelbar vor dem Fernseher, um im neuen Jahrtausend irgendwann vielleicht doch noch irgendwann das Ende der *Lindenstraße* mitzuerleben.

Der deutsche Intellektuelle ist ein Sonderfall.

Auch er sitzt, sein Pfeifchen schmauchend, vor dem Fernseher, kuckt aber gar nicht hin. Er hört sich bloß das Grundrauschen an und ist mit seinen Gedanken bei Faust und den anderen deutschen Klassikern. Von Gretchen läßt er sich die Fünfminutenterrine heiß machen und führt währenddessen mit der schönen Helena Gespräche über Goethe.

Soviel über sein Verhältnis zu Frauen.

Immer wieder werde ich auch gefragt: Und wie steht es mit der Liebe?

Nun, in der Liebe macht uns weltweit keiner was vor. Der Deutsche liebt die Tiere, und zwar nicht nur den deutschen Schäferhund, sondern auch den süßen kleinen Yorkie.

Die Friseure anderer Länder schauen ständig gespannt auf Deutschland, weil die Deutschen ihre Köpfe am liebsten fürs Haareschneiden benutzen. Daher die vielen Glatzen und rational befreiten Zonen.

So sehr der Deutsche seine Heimat liebt, so sehr zieht es ihn hinaus in die große, weite Welt, wo all die Ausländer wohnen.

Wir sind der amtierende Reiseweltmeister!

Wir haben die Qual der Wahl zwischen dreihundert Ländern auf vierhundert Kontinenten und reisen deshalb jedes Jahr nach Mallorca. Da sind wir genau richtig; denn die Nacht ist zu dunkel, der Tag ist zu hell, der Kaffee zu heiß, der Champagner zu kalt. Mallorca ist die Insel der tausend Reisemängel. Diese werden knallhart notiert – für die Schadensersatzklagen beim Reiseveranstalter! Speziell zu diesem Zweck reisen wir ja. Genau darin besteht für uns der unwiderstehliche Zauber des Südens. Sonne, Strand und blaues Meer, Hula, Tango und Flamenco spielen keine Rolle! Wir Deutschen reisen ja nicht zu unserem Vergnügen, sondern um in der Welt nach dem Rechten zu sehen.

Allerdings werden wir, sobald wir heimkehren, gleich wieder eine fette Beute der steigenden Benzinpreise und der rotgrünen Reformen, ganz egal, ob es sich um die Steuerreform handelt oder um die Rentenreform. Also, ich bin ja so was von sauer auf mein Finanzamt, weil mir diese Bürokratenbande nicht erlaubt, unsere Küche von der Steuer abzusetzen, und zwar als Arbeitszimmer meiner Frau.

Und bei der Rentenreform sieht es ja nicht besser aus!

Gestern erst wurde ich Ohrenzeuge eines Gespräches zweier Rentenexperten, das heißt, beide waren Rentner, der eine ein optimistischer Rentner, der andere ein eher realistischer Rentner. Sagt der optimistische Rentner: »Mir juckt die Hand! Ich glaube, wir kriegen mehr Rente.«

Darauf der realistische Rentner: »Mir juckt der Arsch! Ich glaube, sie scheißen uns wieder an!«

Für das Gute! Wider das Böse!

Die Wirklichkeit, behauptet ein berühmter deutscher Vulgärphilosoph, stellt sich häufig ganz anders dar als die Realität.

Im Radio höre ich nur noch die Werbung, weiter gar nichts.

Im Fernsehen kucke ich nur noch die Volksmusiksendungen.

Meine Zeitung hab ich abbestellt, und zwar aus gutem Grund.

Das deutsche Volk ist, wie wir wissen, eines der bestinformierten Völker der Welt.

Es erfährt alles.

Was die Zeitung bringt.

Und die Zeitung bringt alles. Lustvoll verbreitet sie jeden Morgen ihre amüsanten Schreckensmeldungen: Killer-Hai holt Surfer vom Brett. Fünfzehn Millionen Deutsche leiden an Krampfadern. Arbeiter stirbt während der Reparatur eines Großwäschetrockners im Zwanzig-Minuten-Trockengang bei fünfunddreißig Grad Celsius. Terroristen morden mit fahrbarer Guillotine. Lebensmüder Erwerbsloser legt sich die Schlinge um den Hals, schlitzt sich nach Einnahme von Zyankali die Pulsadern auf, übergießt sich flächendeckend mit Super bleifrei und erschießt sich, in Flammen aufgehend, mittels Leuchtspurmunition, und die Presse nennt diesen Vorgang bereitwillig Selbstmord, obwohl doch das schöne Wort Suizid entschieden weniger letal klänge, eher humanitär wie Aronal oder Elmex oder ein Mittel gegen Husten und Heiserkeit.

Ja, wo leben wir denn!

Ist unsere Welt denn wirklich so schlecht?

Oder entsteht dieser Eindruck etwa durch unausgewogene Berichterstattung?

Lechzen wir nicht vielmehr nach News wie den folgenden?!

Hildburghausen/Thür. Nach dem Einbruch in einen Kindergarten sicherte die Polizei am Tatort zwei Zettel. Wir sind obdachlos und haben Hunger, stand auf dem ersten; auf dem zweiten Zettel entschuldigten sich die Täter in Schönschrift und aller Form für ihre Untat. Die Unterschriften waren unleserlich.

Wie oft müssen wir von Spekulantengier lesen, und wie selten lesen wir von Bescheidenheit und maßvoller Zurückhaltung der Immobilienbranche:

Mond bleibt Allgemeingut

Der Mond gehört niemandem und darf bis auf weiteres weder vermakelt noch verkauft werden ...

Das ist eine positive Nachricht von der Art, wie wir sie brauchen, und wir brauchen positive Nachrichten wie die Luft zum Atmen. Keine Gewalt! Liebe deinen Nächsten, aber steck dich nicht an! Küßt die Wessis, wo ihr sie trefft!

Nennen wir Korruption doch einfach Politsponsoring! Unterschlagung und Steuerhinterziehung sind Unregelmäßigkeiten. Bestechlichkeit ist Belohnungsannahme. Soldaten sind keine Mörder, und der Einbrecher ist, positiv gedacht, ein Experte für die Umwidmung von Eigentumsverhältnissen. Und den mäkligen Erwerbslosen sei klar und deutlich gesagt: Wer auf dem Arbeitsmarkt nicht mehr willkommen ist, kann sich im Supermarkt immer noch als Verbraucher nützlich machen, wenn nicht sogar nach Herzenslust austoben, das kommt ganz auf die Intensität des jeweiligen Kaufrauschs an.

Höchste Zeit, daß der Gesetzgeber knallharte Empfehlungen beschließt, die es sensationsgeilen Journalisten in Zukunft verunmöglichen, negative Meldungen in den Medien zu plazieren.

Also nicht so: Durch die Mißwirtschaft des Finanzministers ist dem deutschen Volke ein Verlust von zehn Milliarden Mark entstanden.

Sondern so: Dem Finanzminister ist es gelungen, einen Verlust von zehn Milliarden Mark zu erwirtschaften.

Falsch: Alte Leute, die gezwungen sind, nach Einbruch der Dunkelheit noch aus dem Haus zu gehen, scheißen sich vor Angst in die Hose.

Richtig: Wir können davon ausgehen, daß das Sicherheitsbedürfnis der Senioren zunehmend wächst.

Falsch: Von einst vier Millionen Arbeitsplätzen in Ostdeutschland konnten zwei Komma fünf Millionen vernichtet werden.

Richtig: Von einst vier Millionen Arbeitsplätzen in Ostdeutschland konnten eineinhalb Millionen gesichert werden.

Falsch: Die Deutsche Post verlangt von ihrer Kundschaft mehr Porto als alle anderen Postunternehmen Europas von ihren Kunden.

Richtig: Die Deutsche Post ist Porto-Europameister. Wir gratulieren.

Falsch: Zur maßlosen Enttäuschung ihrer Fans belegten die deutschen Schwimmer bei den Weltmeisterschaften nur Platz siebzehn.

Richtig: Zur maßlosen Freude ihrer Fans ist bei den Schwimmweltmeisterschaften kein einziger deutscher Schwimmer ertrunken.

Falsch: Die Wahlbeteiligung sank auf siebenunddreißig Prozent und damit knapp unter den Alkoholgehalt des Nordhäuser Doppelkorns.

Richtig: Die Wahlbeteiligung erreichte fast fünfzig Prozent; die Demokratie ist noch mal mit einem blauen Auge davongekommen!

Muttersprache, Mutterlaut

Die deutsche Sprache, liebe Freunde, ist voller Rätsel und Unwägbarkeiten. Der treibende Teil einer Maschine, eines Flugzeugs etwa, heißt nicht Treibwerk, sondern Triebwerk. Das Gewächshaus des Gärtners dagegen, in dem die Triebe sich entfalten, heißt Treibhaus und nicht Triebhaus.

Es gibt auch ein Triebhaus, es heißt allerdings nicht so.

Die Null geht im Deutschen als Zahlwort durch.

Faulenzen ist ein Tätigkeitswort.

Schlappschwanz ist sogar ein Kraftwort.

Schwanger aber, obwohl es sich doch geradezu aufdrängt, ist als Umstandswort immer noch nicht zugelassen.

Uneinprägsam für den Rest der Welt sind deutsche Zungenbrecher:

Als die Paten um den Putenbraten baten,
konnten wir den Paten Putenbraten bieten,
weil wir grade, als die Paten baten,
Putenbraten brieten.

Unentwirrbar fest geknüpft sind die Bande der deutschen Sprache:

Das Band – die Bänder
Der Band – die Bände
Die Bande – die Banden
Die Bänd – die Bänds ...

Wer möchte da Ausländer sein!

Vor die Aufgabe gestellt, das Wort Angstschweiß perfekt

auszusprechen, bricht dem Nichtmuttersprachler sofort der Angstschweiß aus.

Ebenso bei Impfzwang, Sumpfpflanze oder
Lokomotivführerüberwachungssignal, bei der
Dorferneuerungsbedürftigkeitsuntersuchung,
beim Registerverfahrensbeschleunigungsgesetz oder
bei der Verwaltungsverordnung über die Zusage einer Umzugskostenvergütung nach dem Landesumzugskostengesetz bei Abordnung unverheirateter Beamter ohne Hausstand.

Liebe Deutsche! Das Deutsche, die deutsche Sprache, ist die deutscheste Sprache Deutschlands, wenn nicht der Welt.

Allerdings machen wir es der Welt nicht leicht! Denn die deutsche Sprache ist in stürmische Bewegung geraten. Bei mir in meiner ostdeutschen Wohngegend hatten wir vor ein paar Jahren noch eine totalitäre Produktionsgenossenschaft des Tischlerhandwerks. Und zwar stellten diese Tischler Särge her, ganz prima Särge. Darum hieß die Firma auch jahrzehntelang PGH Sargtischlerei.

So hießen solche Betriebe damals üblicherweise. Zumeist hatten sie sogar noch einen faszinierenden Beinamen wie etwa Maler-PGH »Rote Scheuerleiste« oder Tischler-PGH »Johann Peter Hobel«. In der schönen Stadt Rathenow an der Havel gab es sogar eine PGH Sargtischlerei »Neues Leben«.

Inzwischen, das läßt sich ja denken, ist die Bude mehrfach umbenannt worden, zunächst in PGH Erdmöbel, dann in Erdmöbel GmbH,

und wir können nur hoffen, daß sie sich am Markt behauptet hat.

So muß man ja neuerdings sagen: <u>Am</u> Markt behaupten, aber <u>im</u> Markt positionieren. <u>An</u> Weihnachten, <u>an</u> Ostern, <u>an</u> Pfingsten, in 2001, aber nicht in der Woche, sondern unter der Woche.

Dies, liebe Freunde, ist der elegante süddeutsche Gebrauch der Präpositionen. Er weht, wie die Brotzeit, aus Know-how-country herüber in den Osten und klingt halt ausgesprochen lecker, gell?

Dennoch kann von zwei deutschen Sprachen auch nicht ansatzweise die Rede sein; denn die Differenzen sind gering. Immerhin hieß der Führerschein im Osten einst Fahrerlaubnis, der Personalchef hieß Kaderleiter, der Werbechef von einst hieß Sekretär für Agitation und Propaganda, der Arbeitslose hieß Werktätiger, der Workaholic von einst nannte sich sogar Held der Arbeit.

Ich selbst hab mir das neue Deutsch sozusagen im Schweinsgalopp beigebracht, zuallererst natürlich, zum Angeben, diese eleganten Lifestyle-Vokabeln:

the briefing – die Postzustellung

the laptop – der Topplappen

the patchwork – die Fliegenklatsche

the striptease-table – der Ausziehtisch.

Einigen ganz besonders Ungeduldigen kann es gar nicht schnell genug gehen mit der sprachlichen Angleichung. Mir haben Freunde aus Dresden, die wissen, daß ich so was sammle, die Kopie eines Briefes geschickt. Er stammt aus einer Firma namens Meßelektronik Dresden GmbH. Hinter diesem Namen verbirgt sich nur schwach verhüllt der VEB Meßelektronik Dresden seligen Angedenkens.

Aber nun haben sie natürlich schon lange keinen Betriebsleiter oder Betriebsdirektor mehr, sondern einen Geschäftsführer – den Herrn Dr. Meyer. Der Herr Dr. Meyer ist in beispielhaftem Maße sprachsensibel, und weil er so schön sprachsensibel ist, schreibt er an seine wichtigsten Mitarbeiter den folgenden kurzen und authentischen Brief. Er schreibt wörtlich an die Leiter seiner »Zentral- und Geschäftsbereiche«:

Aus gegebenem Anlaß darf ich Sie noch einmal bitten, die folgenden Formulierungen nicht mehr zu verwenden:

- Kader
- Brigade
- Kollektiv
- Ökonomie
- Werktätiger
- Territorium

und andere ähnliche spezifische Begriffe, die aus der Vergangenheit stammen.

Diese Begriffe sind für ein westliches Ohr stark vorbelastet und führen zu negativen Assoziationen. Wir machen uns im Umgang mit den westlichen Firmen das Leben unnötig schwer.

Mit kollegialem Gruß

Dr. Meyer
Geschäftsführer

Und darum meine ich: Wir sollten das Studium der Fremdsprachen vielleicht doch noch ein bißchen zurückstellen und zunächst mal unsere neue deutsche Sprache studieren, eine Sprache der verschärften Bildhaftigkeit, in der rote Socken, alte Seilschaften und bräsig vor sich hin dumpfende Betonköpfe die deutsche Einheit zur Erbsenzählerei verzwergen; Seiteneinsteiger, Querdenker, Senkrechtstarter und Überflieger stehen auf dem Prüfstand und sehen sich bei Grabenkämpfen mit Minenhunden, Baulöwen und Immobilienhaien in einen Schlagabtausch um Filetstücke verwickelt; nur der hautnahe Schulterschluß kann sie herausführen aus der Talsohle der Grauzone, und in der Wirtschaft kann Gewinne nur einfahren, wer die Produktion verschlankt, die Löhne einfriert, das soziale Netz flächendeckend und kostendämpfend gesundschrumpft sowie auf dem Wege der Personalentsorgung ausdünnt, auskämmt und schließlich hermetisch deckelt, um nicht finanziell draufsatteln zu müssen!

Ein neues Deutsch, ein besseres Deutsch ist angesagt – die Verschönerung unserer deutschen Welt durch sprachliche Maßnahmen.

Der Puff bei mir an der Ecke heißt natürlich nicht mehr Puff, auch nicht kreative Freizeitstätte, sondern Therapie- und Entlastungs-Center. Das Bahnhofsklo heißt McClean. Jeder gehobene Begräbnisredner nennt sich längst Nekrologautor, jeder Zahntechniker Oraldesigner. Und müssen wir Arbeitslose denn unbedingt Arbeitslose nennen? Ich denke, nein. Bernhard Jagoda von der Nürnberger Anstalt nennt sie gelegentlich brachliegendes Humankapital.

Heiß, liebe Freunde, ist die Luft über Mitteleuropa. Und das nicht nur zur Sommerzeit!

Das Ozonloch über dem Reichstag wird größer von Tag zu Tag.

Unaufhörlich perlen im deutschen Sprachraum schillernde Sprechblasen empor, getragen von einer Art Thermik, die all den Sonntagsrednern und Generalsekretären

in gewaltigen Quantitäten
rund um die Uhr
zischend
vorne und hinten
entströmt.

Ein Arbeitgeber zum Verlieben

Wir zwei beiden sind gleich ein Herz und eine Seele. Ohne Umschweife kommt er zur Sache: »Ihre Zeugnisse sind okay. Geburtsurkunde, Facharbeiterbrief, Führerschein, Führungszeugnis, Kopie der Stasiakte, alles, wie es sein soll, Gesundheit spitzenmäßig. Da wäre allerdings doch noch eine winzige Kleinigkeit, über die Sie mich aufklären sollten: Sind Sie zu diesem Bewerbungsgespräch mit Ihrem Auto angereist?«

»Ja«, sag ich.

»Aber Sie rechnen doch hoffentlich nicht damit, daß ich Ihnen die Fahrtkosten erstatte?«

»Nee, Chef, so was ist allein meine Sache, die Reisekosten sind nicht verhandelbar.«

»In Ordnung. Und jeden Tag fünfhundert Kilometer Anfahrt zur Arbeit wären Ihnen vielleicht nicht doch ein bißchen weit?«

»Fünfhundert Kilometer!? – Na, hörnse mal. Fünfhundert Kilometer sind für mich eine Kurzstrecke, dafür lohnt es sich ja kaum, das Auto aus der Garage zu holen.«

»Welchen Wagen, wenn ich fragen darf, fahren Sie zur Zeit?«

»Trabant Turbo, Chef.«

»Kucke einer an, diese verkappten Millionäre! – Und was«, fragt er, »halten Sie von Überstunden?«

»Find' ich klasse, vor allem unbezahlte.«

»Und wie gefällt Ihnen Sonntagsarbeit?«

»Find' ich total geil, Chef! Wußten Sie, daß ich Workaholic bin? Früher bei den Kommunisten war ich sogar Held der Arbeit!«

»Und was ist mit der Lohnfortzahlung im Krankheitsfall?«

»Da gestatte ich mir eine Ansicht, Chef, die Ihnen möglicherweise eine Idee zu extrem vorkommt: Ich finde, Krankheit ist bloß 'ne schlechte Angewohnheit.«

»Und was ist mit Urlaub?«

»Urlaub ist eine noch schlechtere Angewohnheit. Ich weiß gar nicht mehr, wie Urlaub überhaupt gemacht wird, und, ehrlich gesagt, ich will es auch nicht wissen.«

»Und was bedeutet Ihnen Weihnachtsgeld?«

Schelmisch drohe ich ihm mit dem Finger: »Sie haben eine Frau, Chef, mindestens eine.«

Er nickt.

»Und Sie haben Kinder! So wie Sie gebaut sind ...«

Er nickt.

»... und ich möchte wetten, die deutsche Weihnacht ist in Ihrer Familie eine wunderschöne, ebenso kostbare wie kostspielige Tradition. Leise, leise fallen weiße Flocken, alles schläft, einsam wacht ... Und für die Bescherung unterm Lichterbaum müssen Sie ganz gewiß viel tiefer in die Tasche greifen als ich.«

Er nickt.

»Sehnse! Unter diesen Bedingungen verzichte ich zu Ihren Gunsten gerne auf mein tarifliches Weihnachtsgeld.«

»Danke!« sagt er.

»Und auf mein Dezembergehalt!«

»Danke schön.«

»Auf alle Lohnnebenkosten!«

Er schämt sich seiner Tränen nicht.

Als ich ihn da so wehrlos vor mir sehe, geh' ich aufs Ganze. Nun ist mir alles egal. Mit elegantem Schwung zieh' ich meine Brieftasche und entnehme ihr feierlich den einzigen Tausendmarkschein, den ich je gesehen habe.

»Ich bitte Sie herzlich«, flehe ich, »eine Kleinigkeit von mir anzunehmen, Chef, ausnahmsweise.«

Prüfend hält er den Tausendmarkschein gegen das Licht.

»Man kann«, sagt er, »nicht vorsichtig genug sein!«

Er dreht den Schein hin und her, mustert Wasserzeichen und Kinegramm und ruft: »Echt! Der ist ja total echt, Mann!«

Bescheiden senke ich den Blick.

Verliebt blickt er mich an. »Sie gefallen mir«, ruft er. »Ein paar mehr Arbeitnehmer wie Sie, und der Standort Deutschland ist gerettet.«

Guten Flug

Das Taxi, das »in spätestens fünf Minuten« kommen sollte, ist seit drei Minuten überfällig. Mit vier Minuten Verspätung kreuzt es schließlich doch noch auf. Kaminski reißt den linken Arm auf Augenhöhe empor und starrt demonstrativ auf seine Rolex.

»Bloß keine jüdische Hast«, sagt der Kutscher, »ohne uns fliegen se nich los!«

Ein distanzloser, geschwätziger Taxichauffeur, auch das noch. Seit Kaminski sich entschlossen hat, jede Verspätung als körperlichen Schmerz zu empfinden, leidet er an chronischem Scheinrheumatismus, und dümmliche Redensarten gehen ihm bei Verspätungen ganz besonders auf die Nerven, die polnische Wirtschaft etwa, die gelbe Gefahr, die feine englische Art oder eben die jüdische Hast.

Er muß raus.

Raus!

Raus aus Deutschland.

Dorthin, wo die Sonne lacht und die Menschen ihm freundlich begegnen. Den Kontinent verlassen, Richtung Ostsüdost, Destination Bangkok, wo die Prostitution verboten ist und ganze Sprechchöre leichtgeschürzter, lachender, williger brauner Mädels ihm Tag und Nacht ihre Angebote entgegenschmettern: »Do you want bumsing?«

Den Ärger hinter sich lassen, vergessen, verdrängen – den Ärger mit dem Finanzamt, den Ärger mit der Zahlungsmoral, den Ärger mit dem Personal. Nach der Mittagspause hat er Frau Linke noch schnell die Kündigung für Berthel diktiert. Dieser Berthel ist fällig, der Mann paßt nicht in die Firma, der muß raus, schon vor Ablauf seiner Probezeit, der muß raus, wohin, ist egal, am besten dorthin, wo der Pfeffer wächst. Das Maß ist voll. Dummfrech erscheint er am Morgen geschlagene neun Minuten nach Arbeitsbeginn im Versand, wo Kaminski gerade persönlich nach dem Rechten sieht. Fast zehn Minuten zu spät! Übrigens schon zum zweitenmal in zwei Wochen! Berthel strahlt, von schlechtem Gewissen keine Spur. »Moin, Chef«, kräht er, »bloß gut, daß ich die Taxe genommen hab, sonst wär' ich doch glatt zu spät gekommen.«

Keiner lacht.

»Na ja«, murmelt er, »Spaß muß sein, sonst geht keiner mit zur Beerdigung ...«

Kaminski räuspert sich. »Zu Ihrer Information, Herr Berthel: Wenn hier einer Witze macht, dann bin ich das!«

Zutraulich, als hätten sie beide irgendwann schon mal gemeinschaftlich Schweine gehütet, legt Berthel ihm die Hand auf die Schulter. »Möchten Sie wissen, Chef, was mich an Ihnen so stört?«

Mit einer jähen Bewegung macht Kaminski sich frei: »Nein, danke!«

»Und warum nicht, wenn ich fragen darf?«

»Weil ... Hören Sie zu, Berthel, weil ich Ihr Arbeitgeber bin! Wie der Name schon sagt, gebe ich Ihnen hier Arbeit, und als störend gilt in dieser Firma nur, was den Arbeitgeber stört, capito? Ob Sie persönlich sich durch irgendwas gestört fühlen, interessiert mich nicht die Bohne.«

Klarheit ist in solchen Fällen immer richtig. Kaminski hätte ihm am liebsten auf der Stelle gekündigt, doch im Fall des Falles pflegte er sich gut zuzureden: Ruhig, ganz ruhig, keine Personalentscheidungen im Affekt!

Nach Feierabend versucht er, Berthel zu Hause telefonisch zu erreichen. Der meldet sich nicht, darum spricht Kaminski die Kündigung auf den Anrufbeantworter: »Wollte Ihnen nur mitteilen, Herr Berthel, daß Sie ab morgen wieder dem freien Arbeitsmarkt zur Verfügung stehen! Das diesbezügliche Einschreiben geht Ihnen zu, Wiederhörn!«

Es ist nie von Schaden, wenn der Unternehmer sich auskennt mit dem Arbeitsrecht. Laut Präzedenzurteil gilt die Kündigung als rechtswirksam zugestellt, wenn der gekündigte Arbeitnehmer nicht zweifelsfrei nachweisen kann, daß ihn die fernmündliche Kündigung wegen eines defekten Anrufbeantworters gar nicht erreichen konnte ...

Der Taxichauffeur reißt ihn aus unguten Gedanken. »Den Flug schaffen wir dicke, Boss«, ruft er nach hinten und jagt bei Gelb über die letzte Kreuzung.

Er hat recht, ein Blick auf die große schwarze Departure-Tafel genügt, der Flug verzögert sich um sechzig Minuten. Jede Menge Zeit fürs Einchecken. Kaminski durchschreitet die Security-Pforte und ruft den üblichen Piep-und-Gezwitscher-Alarm hervor. Ein argwöhnischer Sicherheitsbeamter fuchtelt ihm mit dem Metalldetektor zwischen den Schuhen herum.

»Metall-Einlagen«, erklärt Kaminski.

An der Bar bestellt er sich einen Cognac von der besseren Sorte, setzt in aller Ruhe seine Montecristo in Brand und läßt, eingehüllt in blauen Dunst, den Connaisseur raushängen. Teure Zigarren machen Männer männlicher und Frauen erotischer. Gelassen läßt er den Blick schweifen über das versammelte Material, der Liebreiz der weiblichen Fluggäste jedoch hält sich in Grenzen.

Über hallige Lautsprecher ruft nach endlosen zweiundsechzig Minuten eine quäkende, schwer verständliche Stimme unbestimmten Geschlechts seinen Flug auf. Wie Ehrenjungfern am Eingang zum Flieger das Kränzchen der lächelnden

Stewardessen. Die Blondeste bietet Blätter vom Tage an. Kaminski wählt die dickste Zeitung aus in der Hoffnung, daß sie, wenn er hübsch langsam liest, für vierzehn Stunden Flug reicht. Von gedämpfter Musik untermalt, erscheint auf allen Bildschirmen der Schriftzug Welcome abord!

Es folgen die bekannten Durchsagen. »Meine Damen und Herrn, Käpt'n Henry Behling und seine Crew begrüßen Sie an Bord unserer Boeing und danken für Ihre Geduld. Bitte schalten Sie alle elektrischen Geräte, Handys und Laptops aus und schnallen Sie sich an ...« Seine blonde Stewardess erhebt sich auf die Zehenspitzen und versucht die Gepäckfächer über den Sitzen zu schließen. Dabei spannt der Rock anmutig über den rückwärtigen Hüften, doch hat die prüde Fluggesellschaft einen Stoff gewählt, der dem Kenner die Slipkonturen weitestgehend vorenthält. Sie bemerkt Kaminskis lüsternen Blick und entschärft die Lage, indem sie ihm einen guten Flug wünscht.

»Kein Problem«, sagt Kaminski, »runter kommen sie alle.«

Sie schenkt ihm ein Lächeln der Bewunderung, als wäre er der Autor dieses Spruchs und als stammte der Sparwitz nicht schon aus dem Alten Testament. Das Namensschild an ihrer roten Weste verrät anstelle des Vornamens nur den Anfangsbuchstaben B. Wie, fragt er sich, mag ihr Name weitergehn nach dem geheimnisvollen B.?

Das Geräusch der Triebwerke verstärkt sich. Die Maschine setzt sich in Bewegung und ruckelt über leichte Unebenheiten wie durch Schlaglöcher der Rollbahn entgegen. Ein waagrecht in der Luft stehender rot-weißer Windsack bleibt zurück. Die Tragfläche in seinem Blickfeld schwankt beunruhigend auf und ab; die Ausschläge sind entschieden zu stark, findet Vielflieger Kaminski. Die Maschine rollt in eine Linkskurve, und in diesem Augenblick mischt sich in das solide Rauschen der Triebwerke ein nie gehörtes Schaben und

Kratzen, das bei der Geradeausfahrt zum Glück wieder abebbt.

Die Maschine stoppt an der Startposition und erbebt unter dem kraftvollen Schub der Triebwerke, der die Sitze erschüttert und die Passagiere durchrüttelt. Und ... da ist es wieder, dieses Schaben, Schrammen und Schrappen! Der Pilot läßt den Motorendonner probehalber an- und abschwellen und wiederholt die Übung noch ein Dutzendmal, dann resigniert er und rollt er zur allgemeinen Überraschung zurück Richtung Abflughalle, zurück in die Parkposition, die sie doch soeben erst mit Verspätung verlassen haben.

Fräulein B. schwebt den Gang entlang. Kaminski fragt nach: »Sagen Sie, was hat das zu bedeuten? Warum sind wir denn wieder umgekehrt?«

»Aus Sicherheitsgründen, mein Herr. Unsern Käpt'n«, flüstert sie, »stört ein gewisses Geräusch, das Sie hoffentlich gar nicht wahrgenommen haben. Wir werden vorsorglich in eine andere Maschine umsteigen ...«

Die Durchsage des Käpt'ns läßt nicht lange auf sich warten. Aus Gründen der Flugsicherheit, so die Auskunft, habe er den Start leider abbrechen müssen und bitte um Geduld, weil sich der Flug nun leider noch einmal um unbestimmte Zeit verzögern werde.

Das kritische Geräusch erwähnt er mit keinem Wort!

Daß ein Flieger vor dem Start zurückschreckt und an der Rollbahn kleinmütig umkehrt, hat Kaminski noch nicht erlebt. So ungewöhnlich das Manöver ist, so sehr fühlt er sich aber geschmeichelt, einer der wenigen Eingeweihten zu sein. Wieder mal hat er umfassendere Informationen als Krethi und Plethi! Schweren Herzens widersteht er der Versuchung, den ahnungslosen Mitreisenden reinen Wein einzuschenken, die allesamt murren und lange Gesichter ziehen wegen der neuerlichen Verspätung.

Er verschanzt sich hinter seiner Zeitung, doch kaum hat er auch nur die Überschriften auf der dritten Seite überflogen, da setzt die Boeing sich schon wieder in Bewegung und holpert zügig der Rollbahn entgegen. Der rot-weiße Windsack bleibt zurück. Die Tragfläche flattert auf und nieder wie gehabt. Und in der Kurve ist auch das schrappende Schaben und Schrammen wieder da.

»Meine Damen und Herren«, sagt eine vertrauenbildend sonore Stimme, »im Namen der Crew begrüßt Sie Ihr Kapitän Wolfgang Schulz ...«

Nanu!

»Ich freue mich, daß ich Sie heute ins sonnige Bangkok fliegen darf. Wir starten in wenigen Sekunden. Bitte stellen Sie die Rückenlehnen senkrecht und halten Sie die Sitzgurte während des ganzen Fluges unbedingt geschlossen. Die Notausgänge sind mit dem Wort EXIT gekennzeichnet. Die Schwimmwesten finden Sie unter den Sitzen. Bei Druckverlust in der Kabine fallen automatisch Sauerstoffmasken herab; setzen Sie diese im Fall des Falles unverzüglich auf, erst danach eilen Sie anderen Fluggästen zu Hilfe ...«

Fräulein B. erscheint und überprüft, ob auch jeder Fluggast seinen Sicherheitsgurt für den Abenteuerflug vorschriftsgemäß befestigt hat. Wie eine Zuschauerin beim Tennismatch blickt sie aufmerksam links-rechts, links-rechts in die Reihen. Tapfer versucht sie zu lächeln.

»Na, das ging ja flott!« sagt Kaminski und fügt leise hinzu: »Aber was ist mit dem Geräusch?«

Ihr Lächeln verlischt. Sie beugt sich tief zu ihm nieder und flüstert: »Das Geräusch ist noch da!«

Kaminski erstarrt.

»Eine neue Maschine«, sagt sie, »haben wir leider nicht gekriegt. Aber dafür haben wir einen neuen Käpt'n, den stört das Geräusch kein bißchen.«

Wenn ich Kanzler wär

Am liebsten wäre ich natürlich ein bluttriefender Diktator, ein Saddam in Menschengestalt, möglichst in einem Schurkenstaat. Meine erste Amtshandlung wäre die Einführung der Todesstrafe, die, wegen der günstigen Strompreise, unbedingt auf dem elektrischen Stuhl exekutiert werden müßte. Vorsorglich würde ich den Staatshaushalt meines Landes auf mein Schweizer Privatkonto überweisen und noch vor dem Frühstück jeden meiner Minister eigenhändig auspeitschen mit der neunschwänzigen Katze.

Für den Fall, daß aus dieser Karriere nichts werden sollte, reicht mir zur Not auch der Posten des deutschen Bundeskanzlers. Meine erste Amtshandlung wäre der Ankauf einer Kiste Zigarren, zu hundert Mark das Stück. Dann kaufte ich mir Armani-Socken, Bruno-Banani-Unterhosen, Brioni-Anzüge, jede Menge Kaschmirmäntel und ließe mich für den PLAYBOY fotografieren, und zwar sowohl von links als auch von rechts, weil ich um jeden Preis die deutschen Schwiegermütter für die Politik der neuen Mitte gewinnen will.

Dann wird Belgrad noch mal bombardiert!

Und wenn alles wieder malerisch in Schutt und Asche liegt, wird sofort eine Friedensrede gehalten, und zwar etwa so:

Liebe Mitbürgerinnen und Mitbürger!

In aller Bescheidenheit sei es gesagt: Mit dreizehn Litern pro Kopf und Leber ist der deutsche Schluckspecht weltweit führend im Alkoholkonsum. Allein daran schon erkennen wir: Deutschland ist kein ausländerfeindliches Land! Der Deutsche sieht nur infolge seiner Neigung zu geistigen Getränken jeden Ausländer doppelt und dreifach.

Auch die ostdeutsche Erwerbslosenquote, die unter Alkoholeinfluß fünfmal so hoch ausfällt wie die Arbeitslosigkeit im Westen, sinkt, nüchtern betrachtet, auf das Doppelte.

Merke: Mit Alkohol im Blut sieht die Welt entschieden freundlicher aus! Alle Anzeichen deuten machtvoll hin auf ein neues Wirtschaftswunder.

Und wo in Deutschland findet dieses Wirtschaftswunder statt?

Richtig, im Osten!

Weil ich den Osten zur Chefsache gemacht habe!

Ich hab zwar keine Ahnung, was ich damit meine, aber meine Cousinen sagen auch, daß es gar nicht schlecht klingt.

Jedenfalls hat der Aufschwung Ost den Gipfel der Talsohle erreicht!

Denn, sehen Sie, es gibt in Ostdeutschland alles zu kaufen, obwohl in Ostdeutschland gar nichts mehr hergestellt wird. Und die letzten noch aktiven ostdeutschen Arbeitnehmer müssen höllisch aufpassen, daß sie nicht schon morgen entlassen werden, wenn vielleicht auch bloß wegen guter Führung.

Na, und das, liebe Trinker, ist doch wohl einen Asbach Uralt wert!

Wie gesagt, mit dreizehn Litern pro Kopf und Leber ist der deutsche Schluckspecht weltweit führend im Alkoholkonsum. In diesem unserem Deutschland gibt es entschieden mehr Alkoholiker als, sagen wir, FDP-Wähler. Das heißt, künftig dürfen nicht mehr Westerwelle und Möllemann entscheiden über die Vernichtung von Arbeitsplätzen, sondern Mariacron und Johnny Walker!

Wäre ich Kanzler, würde ich vor den Wahlen jeden Wähler rechtzeitig warnen.

Bei Wahlen, würde ich sagen, bloß nichts überstürzen!

Immer mit der Ruhe!

Erst ankreuzen, dann denken!

Nicht mal beim Telefonieren kannst du dich so schnell verwählen wie bei einer Bundestagswahl, und hinterher tut es dir dann leid. Aber dann ist es zu spät. Wenn du deine Stimme erst mal abgegeben hast, Kamerad, dann ist sie futsch, dann hast du nichts mehr zu sagen, dann bist du verstummt.

Ich bin heute noch sauer auf mich, weil ich mitschuldig geworden bin, als wir damals den guten, alten Kanzler K. abgewählt haben!

Wir beide mochten uns.

Er hat nie ein böses Wort über mich gesagt, und ich habe ihn immer bewundert. Für die allermeisten war er ja auch nicht der Herr Dr. Kohl, sondern der Helmut.

Allein daran erkennen wir: Er war beim Volke beliebt.

Wen das deutsche Volk liebt, den nennt es verliebt beim Vornamen: Adolf! Walter! Willi! Erich! Gregor, Gerd!

Und Dr. Kohl war für uns alle nur der Helmut!

Er war der große Geschichtsvollzieher.

Ein Mann wie zwei deutsche Eichen!

Mit einer Körperhöhe von fast zwei Metern war er der größte Kanzler seit Adolf Hitler.

Sechzehn Jahre lang war er nicht nur der Repräsentant des schlanken Staates, sondern mit seiner ausgeprägten Gesäßhaftigkeit auch der schwerste Kanzler der Europäischen Gemeinschaft.

Mehr als einmal brachen deutsche Trinker, wenn sie ihm begegneten, spontan in den Ruf aus: »Hoho, da sind ja schon wieder die beiden Wildecker Herzbuben!«

Ich vermisse ihn sehr.

Er war der größte Versprecher deutscher Zunge.

Der sagte Sachen, die wären nicht mal Karl Dall eingefallen.

Unvergessen sein Bonmot: »Entscheidend ist, was hinten rauskommt.«

Oder: »Ich verstehe durchaus etwas vom Fußball und kenne sehr wohl den Unterschied zwischen einem Strafstoß und einem Elfmeter!«

Oder: »Der deutsche Wald ist keine Einbahnstraße!«

Oder: »Für die Deutschen ist wieder die Chance zum Frühjahr gekommen, daß der Winter geht und der Sommer dann kommt.«

Oder: »Der Zug der deutschen Einheit fährt jetzt langsam durch den Bahnhof der Geschichte.«

Unerreicht sein analytischer Scharfsinn. »Die Jahrhundert-Überschwemmung an der Oder«, sagte er, »war für die Menschen im Osten unseres Vaterlandes die größte Katastrophe nach der Vereinigung Deutschlands.«

Auf einer Pressekonferenz zum Abtreibungsparagraphen 218, in der Stunde der Wahrheit, machte er aus seiner Hose keine Mördergrube. »Zur Erhöhung der niedrigen Geburtenrate in Deutschland«, sagte er, »kann ich leider nur einen bedingten Beitrag leisten.«

Und im Kampf gegen die heimtückischen Landminen mahnte er uns zur Geduld mit den Worten: »Das Problem der Tretminen läßt sich nur Schritt für Schritt lösen.«

O ja, wir hatten viel Spaß miteinander.

Aber, wie gesagt, der Wähler hat es ihm nicht gedankt.

Der Wähler hat Helmut Kohl kalt und herzlos umgetauscht gegen einen Neuen, und zwar ausgerechnet gegen den Gerd!

Der Gerd hat natürlich sofort den ultimativen Amtseid

runtergerattert: »Ich schwöre, Schaden im deutschen Volke anzurichten, so wahr mir Gott helfe!«

Dieser Eid ist auch optisch gut rübergekommen; denn der Gerd ist ausgesprochen fotogen. Er sieht aus wie das Wunschkind von Hans-Olaf Henkel und Angela Merkel.

Allerdings fragt man sich natürlich auch: Wenn er nun schon mal den Osten zur Chefsache erklärt hat, warum hat er dann nicht längst den Friseur von Angela Merkel vor Gericht gestellt?

Aber ich will ihn gar nicht kritisieren, ganz im Gegenteil.

Der Gerd ist ein Visionär, wie er im Buche steht.

Der Gerd hat noch Träume ...

Am liebsten träumt er, die Deutschland AG wäre ein riesengroßer Hühnerhof mit achtzig Millionen freilaufenden Hennen, die sich allesamt den Arsch aufreißen, um goldene Eier zu legen für die Automobilindustrie, und er selbst wäre der stolze Hahn, und die liebe Sonne ginge morgens über Deutschland nur aus dem einzigen Grunde auf, nämlich ihn, den Gerd aus Hannover, krähen zu hören.

Voller Vertrauen haben ihn seine Freunde von der Wirtschaft als Postboten losgeschickt, dem deutschen Volk das mit viel Liebe geschnürte Sparpaket zuzustellen. Für diese Dienstleistung, so wird allgemein angenommen, sei er der rechte Mann; denn er ist ein Linker, und zwar ein Linker, der es wagt, mit dem Volke zu rechten, mit anderen Worten: der rechte Mann, das Volk zu linken.

Der Gerd gilt als Garant der sozialen Gerechtigkeit!

Die Gerechtigkeit, ruft er uns zu, wird eines Tages siegen.

Über wen, das kriegen wir später.

Klärung eines Sachverhalts

Es war ein Freitag. Und es war der Dreizehnte. Kaum hatte ich mein Auto geparkt, da stoppte mit kreischenden Reifen auch schon ein schmucker grün-weißer Funkwagen.

Polizei!

Der Fahrer blieb hinter seinem Lenkrad hocken. Der Beifahrer, ein kleiner Dicker, stieg aus und kam, das Gesicht zur Faust geballt, im Wiegeschritt näher, unaufhaltsam wie das Schicksal. Rhythmisch klirrten die Handschellen. Zu seiner Rechten baumelte griffbereit die Dienstwumme.

Trotz grüner Mütze, trotz saharagelbem Uniformhemd, trotz der Diensthose im kleidsamen kackbraunen Beigeton und obwohl er doch ein kleiner Dicker war, schaffte er es auf unerklärliche Weise, Gary Cooper zu ähneln, dem einstigen Schwarm aller Schwiegermütter, dem Hollywoodstar mit den stahlharten Nerven in der Hochspannungsszene zwölf Uhr mittags auf dem Bahnhof im Wilden Westen.

Hei, nun aber, nun wollte er meine Papiere sehen.

Zwar fühlte ich mich frei von Schuld, wußte aber zugleich, daß es genau diese zur Schau getragene Unschuld der Bevölkerung ist, die den deutschen Ordnungshüter immer wieder zu Arschtritten herausfordert, zu Karatehieben und finalen Rettungsschüssen.

Er nutzte die Gelegenheit, sich als Leseratte zu profilieren; halblaut las er mir den Text meines Führerscheins vor. Das ging erstaunlich flüssig, vor allem, wenn man bedenkt, daß er den Führerschein verkehrt rum hielt.

Nachdem er mir so virtuos sein intellektuelles Format demonstriert hatte, kam er zur Sache. »Haben Sie«, fragte er, »eigentlich schon mal was davon gehört, daß im Bereich scharfer Kurven das Halten und Parken streng verboten ist?«

Diese Regel war mir bekannt. Stets hatte ich sie respektiert und auch diesmal wieder mein Auto in einer langen Geraden geparkt. Ich versuchte ihm begreiflich zu machen, wie endlos gerade gerade diese Gerade sei, doch er war zum Gegenbeweis fest entschlossen. Mit ruhig-festem Schritt holte er aus dem Funkwagen seinen Feldstecher und reichte ihn mir.

Es war ein leistungsstarkes Glas.

Als ich hindurchguckte, zeichnete sich fern am Horizont tatsächlich die Andeutung einer sanften Links- oder Rechtskurve ab.

»Mit dreißig Mark sind Sie dabei!« sagte er. »Widerspruch ist zwecklos.«

Ich schlug die Hände über dem Kopf zusammen.

Das gefiel ihm ganz und gar nicht.

»Ach«, sprach er zuckersüß, »dreißig Mark sind dir zuwenig! Du hättest gern eine Zusatzfrage, bitte – dann wird's für dich ein bißchen teurer, Sportsfreund, und für mich lohnt es sich auch.«

Mit extraweit aufgerissenem Rachen, mit bürgernahem Lächeln und gefletschten Zähnen kam er näher und näher. »Wieviel Kaemha«, fragte er, »beträgt die zulässige Höchstgeschwindigkeit für Kaefzet mit Schneeketten? Naaa?«

Sein Atem traf mich mitten im Gesicht.

Ehrlich gesagt, ich mag es nicht, wenn man mir Fragen stellt, die ich nicht beantworten kann.

Ich bin auch nicht begeistert von der Aussicht, daß ich für nichts und wieder nichts dreißig Mark zahlen soll.

Und ich mag es erst recht nicht, wenn mir einer seinen

Atem direkt ins Gesicht pustet. Übrigens auch dann nicht, wenn sein Atem nach Rosen und Narzissen duftet.

Eifrig fummelte er aus seiner Hosentasche den Quittungsblock für die Verwarnungsgelder heraus, und genau in diesem Augenblick hatte ich eine Idee.

»Herr Wachtmeister«, flüsterte ich ihm zu.

»Herr Obermeister«, korrigierte er.

»Herr Obermeister!« flüsterte ich. »Ich hätte da speziell für Sie eine ganz, ganz wichtige Info!«

Seit Gründung des ersten Polizeireviers in der Geschichte der Menschheit nehmen Polizisten, von Bestechungsgeldern abgesehen, nichts lieber entgegen als Informationen der Bevölkerung.

Wieder kam er auf Tuchfühlung heran, und ich empfand es als ein unverhofftes Glück und eine unverdiente Gnade, daß er zu den wenigen Menschen gehörte, die nicht den geringsten Mundgeruch verströmen, deren Atem nicht nur sauber ist, sondern rein.

Wie aber würde er meine Nachricht aufnehmen? Würde sie ihn verletzen, ihn seelisch verwunden?

Oder war er tatsächlich, was er zu sein schien, der nervenstarke, knallharte Bulle, der keine größere Freude kennt, als den deutschen Gesetzen Geltung zu verschaffen, um jeden Preis, wenn möglich, mit unerlaubten Mitteln, zur Not aber auch mit erlaubten.

»Komm schon, komm schon«, herrschte er mich an, »worum geht es?«

Wieder brandete mir sein glutheißer, wenngleich ungewöhnlich reiner Atem entgegen.

Mit Daumen und Zeigefinger klemmte ich mir die Nase zu. »Herr Oberwachtmeister«, näselte ich, »Sie haben einen, na, wie soll ich sagen, einen ganz besonders extremen ...« Ich verstummte betreten.

»Was hab ich? Na, was? – Komm schon, komm schon! Raus mit der Sprache!«

»Einen, nun ja, einen extrem starken Mundgeruch eben ...«

Er zuckte zurück. Entsetzt blickte er mich an und versuchte reaktionsschnell das Ausatmen zu verzögern.

»Mu-mu-mundgeruch, sagst du, sagten Sie?«

Ich nickte düster.

»Das, das hat mir noch keiner gesagt.«

Ich nickte. »Natürlich nicht. Weil Sie eine Autorität sind, noch dazu mit Pistole. Und weil es bei Ihnen immer gleich dreißig Mark kostet.«

Respektvoll trat er einen Schritt beiseite und richtete es so ein, daß der Wind seine Abluft verwehte. Er war der Verzweiflung nah.

»Mundgeruch«, sagte er kopfschüttelnd, »woher kommt denn so was bloß?«

Ich erklärte ihm, daß Mundgeruch die Folge unangenehmer Fäulnisprozesse im Rachenraum von Polizeibeamten sei.

Voll konzentriert lauschte er. Er hing geradezu an meinen Lippen.

»Bei Zivilisten«, sagte ich, »kann Karies die Ursache sein. Die Hohlräume der Zahnruinen füllen sich mit Speiseresten; grobe Leberwurst, Fischfilet, Döner, Fünf-Minuten-Terrine, und – schwupp! – schon kommen sie angeschwirrt, die kleinen flinken Bakterien, und das gast dann und gast und gast und stinkt zum Himmel.«

Sein Gesicht glühte feuerrot vor Scham. Den Mund hielt er hermetisch verschlossen und beschränkte seine Kommentare auf ein Minimum. Verstohlen ließ er den Quittungsblock in seine Hosentasche gleiten.

Immerhin, dachte ich bei mir, wieder mal dreißig Mark gespart!

»Mu-mundgeruch!« Resigniert gab er mir den Führerschein zurück. »Was können wir dagegen denn bloß machen, Herr Doktor?«

»Putzen«, sagte ich, »putzen, putzen, nochmals putzen!«

»Aber ich putze doch regelmäßig, morgens, abends, nach jeder Mahlzeit, nach jeder Zuführung von Extremisten und Globalisierungsgegnern ...«

»Dann«, sagte ich, »sieht es böse aus. Dann sind es Magengeschwüre. Ich an Ihrer Stelle würde mir vorsichtshalber für den Lebensabend nicht mehr allzu viel vornehmen. Ich würde mich zur Operation anmelden, und zwar lieber gestern als heute. Allerdings ...«

Ich zauderte. »Nun ja, wie soll ich ... Nein! Nein, nein! Das sollte ich Ihnen lieber nicht sagen ...«

»Doch, doch, bitte! Sagen Sie es! Die Wahrheit und nichts als die Wahrheit. Bitte!«

Schwer seufzte ich unter der Last der Diagnose.

»Leider«, sagte ich, »verläuft die Operation in der Regel ..., aber ersparen Sie mir die Einzelheiten, was natürlich nicht heißen soll, daß nicht hin und wieder doch mal einer durchkommt.«

Ausdrucksvoll schlug er das Kreuz, so was lernen sie wohl heute bei der Polizei.

»Kopf hoch«, sagte ich.

Wie einem guten, alten Freund legte er mir die Hand auf die Schulter. Aus seinen Augen kullerten die blanken Tränen. »Erst letzte Woche«, sagte er, »mußte ich meine Mutti begraben.«

Zum Abschied reichte er mir wortlos die Hand – ein stummes Dankeschön für meine offenen Worte.

Dann schlurfte er, ein gebrochener Mann, zum Funkwagen zurück. Bei jedem seiner schweren Schritte klirrten melancholisch die Handschellen.

War ich vielleicht doch zu weit gegangen?

Hätte ich ihm das alles vielleicht doch nicht sagen sollen?

Der Staatsanwalt nannte es Irreführung der Behörden.

Und er hatte ja hundertmal recht damit.

Dieser Polizeiobermeister war gewiß ein fleißiger Putzer gewesen; frisch und angenehm duftete er nach einer Zahnpasta mit Aromen von Minze und Salbei, die Marke darf ich leider nicht nennen, weil es sonst Schleichwerbung wäre.

Heute weiß ich, ich hätte schweigen müssen. Unbedingt! Und! Ich hätte zahlen müssen. Noch am Tatort dachte ich noch so bei mir: Dreißig Mark sind doch für dich keine Summe, Mensch!

Da peitschte der Schuß.

Er starb von eigener Hand.

Kaum drei Meter vom Funkwagen entfernt.

Und es ist nur ein schwacher Trost, daß er in Ausübung seines Dienstes fiel.

*

Aus gegebenem Anlaß wiederhole ich auch bei dieser Gelegenheit wieder, was ich vom gesamten deutschen Volk seit langem fordere: Hände weg von Waffen aller Art! Den Innenministern der deutschen Länder rufe ich zu: Schließt die Waffengeschäfte! Verhindert den Mißbrauch von Schußwaffen, bis hin zu Boden-Luft-Raketen mit atomaren Sprengköpfen! Und vor allem: Entwaffnet die Polizei!

Das organisierte Verbrechen in den Zeiten der Rechtschreibreform

Unser Kreditinstitut ist noch keine fünf Minuten geöffnet, da geht es schon wieder los! Schon wieder reißt ein Vermummter die Tür zum Schalterraum auf, schubst die Kundschaft zur Seite, ballert in die Decke, daß der Putz nur so rieselt, und stürmt direkt auf meine Kasse zu.

Überfall.

Wie üblich fangen die Kunden in Sprechchören vielstimmig an zu barmen und zu beten. Wir Angestellten heben stumm und routiniert die Hände. Zwar klopft auch uns das Herz bis zum Hals, doch wir wissen: Überfälle kommen vor von Zeit zu Zeit.

Wo Geld ist, sollte man auf Überfälle immer gefaßt sein. Der Gangster fummelt ein beschriebenes Stück Papier aus der Hosentasche und schiebt es unter der Panzerglasscheibe hindurch zu mir rein in die Kasse.

Meine Maschine zählt gerade zwei Kilo Tausendmarkscheine.

Dazu paßt der Text nicht schlecht, der in krakeligen Großbuchstaben auf dem Zettel steht: »GELT HERR, ÜBERVAL MIT SCHUßWAFFE!!!« Ich ahne dunkel, was der Verfasser mir sagen möchte. Konrad Duden an meiner Stelle hätte wahrscheinlich der Schlag getroffen. Zahlungsaufforderungen dieser Art habe ich in meinem Berufsleben mehr als genug entgegennehmen dürfen, bisher jedoch noch nie ein so katastrophales (oder katastrofales?) Beispiel für verbrecherische Legasthenie (oder Legastenie?).

Der Vermummte trägt eine fadenscheinige Damenstrumpfmaske mit Augenschlitzen und einem etwas größeren Mundloch. Diese wohl bekannte (oder wohlbekannte?) Mode der Kriminellen macht auf mich schon längst keinen Eindruck mehr. Bange machen (oder bangemachen?) gilt nicht! Mit viel sagender (oder vielsagender?) Gebärde schnipse ich den Zettel wieder hinaus. Ich seufze: »Analphabet müßte man sein (meinetwegen auch Analfabet).«

Mit dem brünierten Lauf seiner Smith & Wesson 37 Spezial schiebt er den Zettel wieder zu mir rein. Bedrohlich unterstreicht sein Zeigefinger das Wort Überval.

Ich schüttle den Kopf. »Tut mir leid (oder Leid? oder light?), dies ist kein Überval, weder nach den alten noch den neuen Schreibregeln.«

Ungerührt schnipse ich den Zettel wieder hinaus.

Als hätte ein Ballettänzer (oder Balletttänzer?) ihn mit der Brennessel (oder Brennnessel? oder Brennnnessel?) gekitzelt, hüpft er behende (oder behände?) wie ein Känguruh (oder Känguru?) vor meinem Schalterfenster rhythmisch (rytmisch, rhytmisch oder rythmisch?) auf und nieder, die Kanone stur auf mich gerichtet.

»Das bringt doch nichts, mein Lieber!« Beruhigend rede ich auf ihn ein. »Mit dem Revolver werden Sie Ihre Rechtschreibprobleme nicht lösen.«

»Kolle raus!«, sagt er mit gutturalem, rundlich rollendem L, »Dali, dali!«

»Kolle hin, Dali her!« sage ich. »Irgendwas (oder irgend was?) stimmt nicht mit Ihnen, kein Hilfsschüler der Welt schreibt das Wort Geld mit T!«

Der mutigste Kunde, ein vollschlanker Herr mit Prinz-Heinrich-Mütze, tritt vorsichtig näher, beugt sich von hinten über den Täter und klopft mit der zusammengefalteten Wochenschrift DIE ZEIT höflich auf das Wort Schußwaffe. »Schusswaffe, Freundchen, schreiben wir in Deutschland mit Doppel-S!«

Der Täter starrt ihn, soweit sich das bei seiner Strumpfmaske sagen läßt, entgeistert an.

»Da brauchen Sie gar nicht so zu gucken!«

»Schuuußwaffe?« fragt der Täter – mit endlos lang gedehntem russischem U.

»Nicht Schuuußwaffe! Es heißt Schusswaffe – mit extrem kurzem Vokal.«

Inzwischen ist ein Polizist eingetroffen.

Anklagend reckt der Dicke DIE ZEIT in die Höhe. »Wenn Sie schon mir nicht glauben, fragen Sie doch den Wachtmeister.«

Der Polizist räuspert sich. »Ausländer sind Sie nicht zufällig?«

Schweigend nickt der Täter.

»Drum«, sagt der Polizist.

»Schuuußwaffe«, wiederholt unser Täter und überläßt dem Polizisten seine Wumme zur Ansicht.

Der Polizist wiegt sie fachmännisch in der Hand.

»Er ist Russe«, sagt eine gnadenlos blondierte Dame mittleren Alters, »dafür hab ich ein feines Ohr, ich war nämlich früher Russischlehrerin, übrigens Oberstufe, und ich denke mal, wenn er als Russe bei dem Wort Schuuußwaffe irrtümlich ein langes U unterstellt, muß er es nach den neuen Regeln unbedingt mit ß schreiben, logisch, und dann hat er von der Rechtschreibreform schon viel mehr kapiert als die meisten Inländer.«

»Ich habe nichts gegen Ausländer«, sagt der Herr mit Prinz-Heinrich-Mütze, »nicht das geringste (oder Geringste?), unter einer Bedingung: daß sie sich intrigieren und nicht hintenrum versuchen, unsere Rechtschreibreform auszuhebeln (oder aus zu hebeln?)! Wir haben in Deutschland genug hochgebildete (oder hoch gebildete?) deutsche Bankräuber, die sehr genau wissen, wie man das Wort Überfall schreibt.«

Dies möchte die Russischlehrerin so nicht stehen lassen (oder stehenlassen?): »Gestatten Sie eine Frage, mein Herr!«

»Bitte.«

»Schreiben Sie persönlich die Wörter Ku, rau und Tunfisch mit oder ohne H?«

Der Dicke triumphiert: »Alles mit H, meine Dame!«

»Und wie schreiben Sie das Wort Fliesenleger – mit S, mit Doppel-S oder mit ß? Schreiben Sie Seeelefant mit drei, vier oder fünf E?«

»Aber meine Herrschaften, das tut doch gar nichts zur Sache!« Der Polizist versucht zu vermitteln.

Er irrt durch den Schalterraum und reckt verzweifelt den Hals. Ich kann mir denken, nach wem er Ausschau hält. Unser Täter aber ist längst über alle Berge. Geld hat er nicht erbeutet, dafür aber immerhin ein paar hochaktuelle Rechtschreibregeln.

Wer weiß, vielleicht war er gar kein echter Bankräuber?

Vielleicht ist er bloß einer von den Typen, die sich durch erstklassig honorierte Scheinüberfälle ein paar Mark dazuverdienen? Gewisse Banken, wird gemunkelt, schrecken längst nicht mehr davor zurück, zur Steigerung ihrer Bonität Scheintäter einzusetzen, um der Konkurrenz Liquidität ohne Ende vorzugaukeln und zugleich ihre Kassierer auf Kaltblütigkeit zu testen. Denn, soviel ist sicher, Herrschaften: Eine Bank, die das Pech hat, von Bankräubern hartnäckig gemieden zu werden, verliert zwangsläufig das Vertrauen der Kundschaft!

Sollte er andererseits aber doch ein echter Räuber gewesen sein, dürfen wir mit Fug und Recht annehmen, daß es die viel geschmähte (oder vielgeschmähte?) Rechtschreibreform war, die ihn in die Flucht geschlagen hat. Dies wäre, soviel der Deutschen Akademie für Sprache und Dichtung ins Stammbuch, ein ebenso unerwarteter wie glänzender Triumph der neuen deutschen Orthographie, Orthografie, Ortographie oder Ortografie.

Hurra, wir kriegen Telefon!

Es fing alles ganz harmlos an. Mein alter Freund Leo kam überraschend zu Besuch. Als blaue Matrosen waren wir vor Jahren bei der Weißen Flotte gefahren, und schon damals hatte mich genervt, daß ihn immer bloß das interessierte, was ihn gar nichts anging.

In dieser Hinsicht war er ganz der alte. Er hatte seinen Mantel noch gar nicht ganz ausgezogen, da verfing sein neugieriger Blick sich schon an der Kommode, auf der unser Telefon stand.

»Nanu«, krähte er, »ihr habt ja immer noch kein Telefon!«

Das war eine ziemlich dumme Bemerkung.

Unser Telefon sah nicht nur aus wie ein Telefon, es funktionierte auch wie ein Telefon. Wir konnten anrufen. Wir konnten angerufen werden. Wir zahlten Gebühren. Vor Jahren waren wir sogar abgehört worden.

Für den Fachmann nur soviel: Es handelte sich um einen Siemens-Halske-Selbstanschlußapparat in klassischem Schwarz mit dem klassischen Hörer auf der klassischen Gabel, um einen historisch wertvollen Fernsprecher also, der jedem Antiquitätenshop am Potsdamer Platz zur Ehre gereicht hätte.

»Wenn es wenigstens ein Gerät aus der Zeit von Philipp Reis wäre!« hämte Leo. »Aber solche Dinger wie euer Ding haben ja schon die alten Römer gebraucht gekauft, und zwar von den alten Griechen!« In Pompeji, behauptete er, hätten Archäologen solche Apparate zu Tausenden aus der Lava geschürft.

»Siehste!« sagte meine Frau.

Sie wünschte sich seit Jahren ein neues Telefon, möglichst passend zu den neuen Tapeten.

»Ihr braucht unbedingt ISDN«, sagte Leo, »und zwar mit Mehrfachrufnummer, Anrufweiterschaltung und integriertem Faxbeantworter, mit Internet, E-Mail, Online-Shopping, Telebanking, mit Plug & Play-Lösungen! Eine moderne Frau wie deine Elfie muß endlich in modernem Stil telefonieren können: immer Call by Call von Frau zu Frau, von früh bis spät, from town to town, zum Sunshine-Tarif, zum Moonshine-Tarif oder mit Holyday-Plus zum City-Weekend-Tarif.«

Überzeugende Argumente.

Jedenfalls für Leute, die lange genug in New York City gelebt haben.

Ich rief die Auskunft an und bat um eine Übersetzung. Das Fräulein von der Deutschen Telekom empfahl mir in amerikanischer Sprache einen Englisch-Kursus. Im Gegenzug empfahl ich ihr auf deutsch einen Russisch-Kursus.

»Fuck off«, sagte sie kurz angebunden, »verpiß dich, dirty old Fernsprechteilnehmer!«

So nett können sie sein bei der Telekom. Wenn sie nur wollen. Dort ist der Kunde noch König.

Die nächste Etappe war der Ti-Point. Der T-Punkt. T-Punkt klingt einerseits nach G-Punkt, andererseits nach Zeichensetzung und Rechtschreibreform, ist in Wirklichkeit aber bloß ein stinknormaler Laden voller Telefonapparate im postmodernen Stromliniendesign.

»Hallöchen und grüß Gott!« rief der Verkäufer. »Was könnte ich, wenn ich wollte, für Sie tun?«

Von meiner Idee, ein schlichtes, preiswertes Telefon zu kaufen, hielt er wenig. »Sehnse mal, schlußendlich hängt doch alles irgendwie davon ab, ob Sie Normaltelefonierer sind, Mehrtelefonierer oder Vieltelefonierer. Und ohne ISDN«, erklärte er, »läuft heutzutage schon gar nichts mehr.

ISDN ist schlicht und ergreifend die Basis für Internet, für E-Mail, für Telebanking. Eine moderne Frau wie Ihre Frau«, sagte er, »ist natürlich ganz besonders scharf ...« Er hüstelte sich durch eine schlüpfrige Kunstpause hindurch. »... die ist natürlich besonders scharf auf Online-Shopping! Stimmt's oder hab ich recht, kleine Frau?«

Und Elfie, das Kamel, nickte dazu.

Er machte uns fertig mit Crash-Vokabeln wie Euromessage und Global Roaming. Das Telekom-Paket DuoCard-Fifty-Fifty, versicherte er, sei nicht nur spitzenmäßig preisgünstig, sondern überhaupt ein Muß für Leute wie uns, die ohne Handy ja schon gar nicht mehr Auto fahren könnten.

»Sie werden lachen«, sagte ich, »wir haben gar kein Auto.«

»Und ein Handy erst recht nicht!« ergänzte Elfie.

»Ein Handy«, sagte ich finster, »kommt mir nicht ins Haus!«

Da begann er zu ahnen, daß ihm zwei extrem komische Vögel zugeflogen waren.

»Ei, ei«, sprach er und versank in langes Brüten.

Dann drehte er uns im beschleunigten Verfahren eine Siemens-Gigaset-Hör/Sprech-Garnitur an. In fliegender Hast schrieb er die Rechnung aus. Ich zahlte, und er schied von uns mit einem Jodler der Erleichterung: »Holdrio, tschüssikowski und ein fröhliches Tut-tut-tut alleweil!«

»Moment, Moment!« rief ich. »Was ist mit dem Termin?!«

»Wir hätten einen Termin, junger Mann?«

»Das will ich doch stark hoffen! Wann genau möchten Sie denn unsere neue Anlage installieren?«

»Das«, sagte er mit einem gewinnenden Lächeln, »möchte ich überhaupt nicht.« Übrigens sei es auch in keinster Weise nötig, die Montage wäre ganz, ganz einfach, einfacher geht's gar nicht! »Aber, nun ja, weil Sie es sind, gnädige Frau, für den Fall der Fälle ...« Er kritzelte eine dreiundsiebzigstellige Spezial-Telefonnummer auf unsere Rechnung. »Anruf genügt.«

Wir verließen den T-Punkt, und Elfie hängte sich bei mir ein. Verliebt blickte sie zu mir auf wie seit hundert Jahren nicht mehr. Sie wäre so begeistert, flüsterte sie. »Weil du«, sagte sie, »endlich wieder, so wie früher, der eigenen Kraft vertraust.«

In diesem Augenblick kam es mir vor, als könnte ich – erstens – Bäume ausreißen und – zweitens – jedes beliebige Aggregat, jede technische Anlage der Welt im Alleingang installieren.

Der Rausch war kurz.

Schwungvoll riß ich in der ersten Hitze nicht nur den Telefonstecker aus der Steckdose, sondern die altersschwache Steckdose gleich mit aus der Wand. Nun gab es kein Zurück mehr. Fünf Minuten später hatten wir uns hoffnungslos verheddert im Kabelchaos unserer Hör/Sprech-Garnitur. Im Korridor stapelten sich Tüten und Kartons, Telefonapparate mit und ohne Schnur, ein Faxgerät, eine sogenannte PC-Card, ein geheimnisvolles schwarzes Kästchen, magentafarbene Propagandaschriften mit gelehrten Montage- und Gebrauchsempfehlungen, allesamt ersonnen im verbrecherischen Vollrausch von Fachidioten für Fachidioten.

Elfie verstand nur Bahnhof.

Ich verstand immerhin Reelwehsteeschn.

Panik machte sich breit.

Mit bebender Hand wählte ich die rettende dreiundsiebzigstellige Telefonnummer. »Sehr geehrter Anrufer!« näselte eine Automatenstimme. »Hier spricht Ihre Deutsche Telekom. Vielen Dank für den Anruf. Es wird Sie gewiß kaum überraschen, daß uns Ihr Problem voll am Arsch vorbeigeht!«

Damit war das ursprünglich technische Problem zu einer Frage der Ehre geworden.

Sofort versuchte ich, die Verantwortungsträger der Telekom telefonisch zur Verantwortung zu ziehen. Verzweifelt blätterte ich im Telefonbuch, die Rufnummer einer Beschwerdestelle jedoch konnte ich im Dickicht der Ziffern nirgendwo entdecken, statt dessen aber Nummern, die mich via Satellit mit jedem Schiff auf jedem der sieben Meere verbunden hätten. Ich hätte die Gewinnzahlen mehrerer Lotterien abrufen können, auch die Zeitansage und die Stellenangebote der Arbeitsämter. Das Highlight auf Seite neun war ein Ratgebertext mit der verheißungsvollen Überschrift ›Drei Schritte zur erfolgreichen Verbindung‹.

Erstens: Heben Sie den Hörer ab!

Zweitens: Wählen Sie die Nummer!

Drittens: Legen Sie nach Beendigung des Gesprächs den Hörer wieder auf!

Blitzartig wurde mir klar, daß sie ihre Telefonbücher von sogenannten Comedy-Experten schreiben lassen. Das Dumme dabei ist bloß, daß sie im Gegenzug beim Fernsehen die Telefonbuchautoren als Humoristen beschäftigen.

Mir war inzwischen der letzte Rest Humor abhanden gekommen. Um unnötige Laufereien zu vermeiden, wandte ich mich gleich an die Polizei. Diese machte, wie erwartet, freudig von ihrem Gewaltmonopol Gebrauch und führte uns beim Klang des Martinshorns einen Monteur zu, natürlich in Handschellen. Er hieß Detlef und gab das auch offen zu. Er warf einen besorgten Blick auf die eleganten Apparate und verschlungenen Kabel, die Tüten, Kartons, Kistchen, Kästchen und Broschüren, dann ergriff er die Flucht.

Genau damit hatte ich gerechnet.

Blitzschnell schloß ich die Wohnungstür von innen ab, würgte den Schlüssel runter und spülte mit einem Underberg nach. Wohl oder übel erklärte sich Detlef zur Zusammenarbeit bereit und zeigte seinen guten Willen, indem er anfing, aus dem Benutzerhandbuch zu zitieren.

»Sie lesen großartig«, schwärmte Elfie, »so richtig mit Betonung!«

»Nun ja ...« Er schlug die Augen nieder. »In meiner Jugend wollte ich Schauspieler werden. Ich hatte sogar schon mit der Sprecherziehung begonnen: Rotkraut bleibt Rotkraut, und Blaukraut bleibt Blaukraut; in Ulm, um Ulm und um Ulm herum ...«

Er holte tief Luft und wollte allen Ernstes den ›Osterspaziergang‹ deklamieren. Hastig drückte ich ihm ein dickes Bündel Kabel in die Hand.

Etwas Falscheres hätte ich gar nicht tun können. Es dauerte keine drei Minuten, da stand er schon bis über die Ohren in den Drähten und kurz vor der Selbststrangulation. Bei den Wiederbelebungsversuchen entdeckte ich das Handy und rief sofort seinen Chef an.

»Hallo, Chef!« sagte ich mit verstellter Stimme. »Jetzt hör mal genau zu! Ich hab soeben euern Detlef als Geisel genommen.«

»Fein«, sagte er.

»Wenn du möchtest, daß er gesund bleibt, schickst du auf der Stelle deinen besten Monteur!«

»Und jetzt hörst du mal genau zu«, sagte er. »Den Detlef kannste dir an den Hut stecken! Den wollte ich nämlich schon lange loswerden.«

Elfie und ich hielten das zunächst für einen Scherz, Detlef jedoch erbleichte.

Dann warteten wir.

Tagelang.

Wochenlang.

Die Telekom meldete sich nicht.

Konnte sie auch gar nicht.

Wir hatten ja keinen Anschluß.

Am dreiunddreißigsten Tag brachte der Postbote die Werbeschrift eines Telefonbuchverlags mit der Botschaft: »Auch wenn Sie noch keinen Fernsprechanschluß haben, ein Eintrag im amtlichen Telefonbuch empfiehlt sich gerade deswegen!«

Mittels Rauchzeichen versuchten wir, die Nachbarn auf unser Schicksal aufmerksam zu machen.

Leider hatte die Feuerwehr kein Verständnis dafür.

Danach versuchten wir es mit afrikanischen Tamtams, kamen aber schnell wieder ab davon, weil ein Schwarm Kurzhaarnazis die Situation mißdeutete und sich unter unserem Balkon aufklatschbereit zusammenrottete. Ich zeigte ihnen den Stinkefinger. Lustvoll erhob der Scharführer die Rechte zum deutschen Gruß.

In der Zwischenzeit versuchte die Deutsche Telekom mit der italienischen, mit der französischen, mit der indonesischen und mit der neuseeländischen Telekom zu fusionieren. Ohne Erfolg. Schade. Gerade von einer geglückten Fusion hatten wir uns soviel versprochen. Dann ging die Telekom dem deutschen Volk an die Börse. Telekom, die machen das! Bloß wir sind wieder mal verschont geblieben, wir haben ja gar keinen Anschluß, und ein Handy kommt mir nicht ins Haus.

Seit Mitte der neunziger Jahre hat sich bei uns nur wenig verändert. Wenn Sie zufällig mal durch unsere Straße kommen, wird Ihnen auf einem Balkon im dritten Stock höchstwahrscheinlich ein kleiner, dicker Mann auffallen, der mit zwei rot-weißen Signalflaggen seemännisch herumfuchtelt. Das bin ich. Als Signalgast halte ich die Welt über unser Schicksal auf dem laufenden. Elfie und Detlef singen dazu ›La Paloma‹.

Wir sind guter Dinge und haben allen Grund dazu. Die Telefongespräche werden immer teurer, wir aber lachen uns ins Fäustchen und sparen eine Menge Geld.

Die Täter sind unter uns

Beim Hamburger Fernsehn, in der Abteilung Kriminaldramaturgie, haben sie ein paar unerhört fähige Leute, und ein fleißiger Krimi-Autor kann mit ihrer Hilfe schon ein paar Mark verdienen, jedenfalls, wenn er eine halbwegs schmutzige Phantasie hat.

Immer wenn ich mir wieder eine so richtig eklige, blutrünstige Story zusammengebastelt habe, trag ich sie schleunigst meiner Dramaturgin Lilo vor und einem interessierten Regisseur, bei einer Ideenberatung, die in Hamburg natürlich Brainstorming heißt.

Was ein Regisseur ist, hat sich rumgesprochen.

Was aber ist ein Dramaturg? Ich will es euch sagen. Ein Dramaturg ist ein verhinderter Schauspieler, den man nicht Regie führen läßt.

»Hände hoch, Herr Kommissar!« sage ich. »Das soll der Titel sein.«

Meine Dramaturgin nickt ermunternd.

Der Regisseur schließt genüßlich die Augen.

»Unser Mörder«, sage ich, »ist ein weißrussischer Schwarzarbeiter. Kein Wunder, daß er vor keiner Sauerei zurückschreckt, nicht mal vor Wettbetrügereien auf der Pferderennbahn! Da hat er ja sogar ein Rennpferd laufen, mit dem arbeitet er Hand in Hand. Seine Geldgier kennt keine Grenzen. Das Geld ist seine Welt. Er hat ja sogar ein Konto in der Schweiz!«

»In der Schweiz?« fragt Lilo. »Warum denn nicht in Luxemburg?«

»Warum denn ausgerechnet in Luxemburg?« frage ich.

»Weil die Schweiz«, sagt sie, »gar nicht Mitglied ist in der Europäischen Gemeinschaft! Und wir brauchen doch die Fördergelder aus Brüssel!«

»Ach so!« sag ich. »Das ist schon okay, Lilo. Der hat sein Konto ja in der Sächsischen Schweiz!«

Die beiden atmen auf.

»Also, der Mörder«, sage ich, »merkt eines Abends, daß in seinem Sparbuch das Komma verdammt weit links steht, steckt die Pistole ein und setzt sie einer friedliebenden Oma, die gerade aus dem Seniorenklub heimkehrt, auf die Brust und sagt knallhart ...«

»Halt! Stopp! Aus!« ruft der Regisseur. »Die Szene mit dieser Oma hatten wir leider schon mal, junger Mann!«

»Richtig«, sagt Lilo, »und zwar im Tatort ›Tote brauchen keine Wohnung‹ mit Alfred Biolek als Oma!«

Von nun an kann ich vorschlagen, was ich will, die beiden schütteln immerzu nur die Köpfe.

Alles ist angeblich schon mal dagewesen, wenn nicht im richtigen Leben, so doch wenigstens in der ARD, im ZDF, bei RTL, SAT 1 oder Pro 7. Kann ja sein. Halt ich für möglich! Tag für Tag passieren in der deutschen Wirklichkeit statistisch gesehen fünf Morde, im deutschen Fernsehn sogar täglich einhundertfünfundneunzig!

Was soll einem denn da noch groß einfallen!

Ich schweige verdrossen.

»Macht, was ihr wollt«, nölt der Regisseur, »aber macht endlich mal was Neues!«

»Moment«, sagt Lilo, »ich glaube, ich hab da eine ganz, ganz tolle Idee! Im Leben passieren die tollsten Sachen: Diebe werden von Dieben beklaut, Betrüger von Betrügern betrogen, Kinderschänder von Kinderschändern geschändet, Mörder von Mördern ermordet! Wir aber drehen einen Tatort, wie es ihn noch nie gegeben hat. Niemals! Bei uns passiert überhaupt kein Mord. Alles läuft streng nach dem Gesetz. Es gibt kein einziges Opfer!«

Wie elektrisiert springt der Regisseur in die Höhe und jubelt: »Genau, Lilo! Das isses! Das ist Spitze. Wir schaffen den ersten gewaltfreien Krimi. Der Mörder, edel, hilfreich und gut! Hauptsache, es strömt ein bißchen Blut. Eine Woche stationäre Behandlung. Ein paar heitere Szenen in der Praxis Bülowbogen, Mund-zu-Mund-Beatmung mit Schwester Stefanie ...«

Ach, du Heimatland! Aber meinetwegen. Warum nicht! Wenn es gut bezahlt wird ...

»Ich spiel es mal durch«, sage ich. »Nehmen wir an, ein unbewaffneter Täter ...«

»Unbewaffnet!?« sagt Lilo. »Nur über meine Leiche! Ohne Pistole läuft gar nix, aber es muß natürlich nicht unbedingt scharf geschossen werden.«

Ich ändere: »Ein mit einer kaputten Pistole bewaffneter Mörder ...«

»Moment mal«, sagt der Regisseur. »Deine Pistole stört mich! Die macht unsern Mörder so schrecklich unsympathisch.«

Ich ändere: Ein unbewaffneter Mörder raubt einer bis an die Zähne bewaffneten Oma, die gerade aus dem Seniorenklub heimkehrt, eine Handtasche ...

Lilo schüttelt den Kopf: »Ich fürchte, Raub ist auch nicht das Richtige, gerade jetzt, vor dem Hintergrund der Rentenreform.«

Also schön, dann eben kein Handtaschenraub. Ich ändere: »Eine bis an die Zähne bewaffnete Oma verliert irgendwas ...«

»Was«, sagt der Regisseur, »was verliert sie denn?«

»Sie verliert«, schlage ich vor, »irgendwas Rentnertypisches, sagen wir: Sie verliert zehntausend Mark.«

»Zehntausend Mark!?« stöhnt Lilo. »Warum denn gleich so viel?«

Ich ändere in fünftausend Mark.

Lilo schweigt, und ich gehe in mehreren Etappen runter bis hundert Mark.

»Das beste ist«, sagt der Regisseur, »sie verliert überhaupt nichts.«

»Einverstanden«, sagt Lilo.

Ich fasse zusammen: »Also, der Mörder setzt einer nichts Böses ahnenden Seniorin die Pistole auf die Brust, und es gelingt ihm, ihr hundert Mark zu schenken!«

»Warum nur hundert?« sagt Lilo.

Ich ändere in fünftausend Mark und gehe in Etappen flott bis zehntausend Mark hoch.

Wie immer, wenn eine Bombenidee ins Stadium ihrer Reife eintritt, redet alles erregt durcheinander.

»Die Oma«, brüllt der Regisseur, »fällt vor Freude in Ohnmacht!«

»Jawoll«, jauchzt Lilo, »ein Hauptkommissar der Kripo findet eine scheintote Oma.«

Das isses.

Wir haben es gepackt.

Die Geschichte geht nahtlos auf.

Und wir drei sind restlos glücklich, als Lilo den knackigen Titel für unsern neuen Schocker bekannt gibt. Er lautet: Täter, auf die wir stolz sind.

Talk für Talk

Gestern – heute – morgen

Gestern:

Mein Partner ist ein Schmutzfink

VERA: Susann, du bist seit zwei Jahren Geliebte.

SUSANN: Ja.

VERA: Der Mann, den du liebst, ist verheiratet.

SUSANN: Ja.

VERA: Du liebst ihn trotzdem.

SUSANN: Ja.

VERA: Warum?

SUSANN: Weil er'n Schmutzfink is.

VERA: Sagtest du, Schmutzfink?

SUSANN: Ja, Schmutzfink.

VERA: Du liebst ihn, weil er ein Schmutzfink ist?

SUSANN: Ja.

VERA: Was genau empfindest du bei ihm, was ist das für ein Gefühl?

SUSANN: Voll toll, einfach kraß! Det is so'n Prickeln, so'n irrer Kitzel, verstehste? Immerhin ist er doch janz wat Besondret, findste nich?

VERA: Doch, ja, allerdings ...

SUSANN: Alle beneiden mich, allein schon wejen seine schwarze Fingerneejel.

VERA: Ah, ja?

SUSANN: Haste selber schon mal'n Schmutzfink jeliebt, Vera?

VERA: Laß mich überlegen ... Nein, ich glaube nicht.

SUSANN: Siehste! Der ist janz, janz anders wie alle andern! Sonne richtje Drecksau.

VERA: Ah so? Ah ja? Ich meine, inwiefern? Was macht er, was andere nicht machen?

SUSANN: Nüscht! Der macht nüscht, jar nüscht. Der wäscht sich nich, der putzt sich nich de Neese, der wischt sich nich'n Arsch ...

VERA: Putzt er sich denn wenigstens die Schuhe?

SUSANN: Zu Weihnachten manchmal, aba ooch bloß anne Jardine! Und det Schärfste, weeßte, wat det Schärfste is?

VERA: Stop!

SUSANN: Det Schärfste sind seine ...

VERA: Stop, stop, stop! Über seine Unterhosen sprechen wir gleich! Nach einer kurzen Werbepause sind wir mit seinen Unterhosen wieder für Sie da.

Heute:

Blöde Kinder

CHRISTOPH: Ich bin ein notorischer Kinderhasser! Also, ehrlich mal, ich könnte die auf den Mond schießen. Die gehen mir voll auf die Nerven. Vielleicht ist es ja irgendwie okay, daß es die irgendwo gibt, aber bitte nicht grade in meinem Umfeld!

VERA: Vielleicht sind das ja mehr die Eltern, die ihr Kind irgendwie falsch erziehen ...

CHRISTOPH: Genau, blöde Eltern haben blöde Kinder!

CLAUDIA: Na, aber hallo! Solche Typen wie du sind doch schließlich schuld, daß ich mit meinen Kindern nicht mehr ins Lokal essen geh. Leute wie du, die sollten mehr Steuern zahlen und weniger Rente kriegen.

FRANK: Mir gehen die Kinder auch auf den Sack! Die stinken wie die Schweine. Vollgeschissene Windeln, nee, danke.

CHRISTOPH: Es müßte kinderbefreite Zonen geben.

VERA: Sollte der Staat vielleicht härter durchgreifen?

CHRISTOPH: Klar! Es muß wieder mehr geprügelt werden, auch im privaten Bereich. Nicht jede Ohrfeige ist von schlechten Eltern.

FRANK: Kinder dürfen heutzutage im Supermarkt ja sogar Lebensmittel angrapschen nach Herzenslust.

CHRISTOPH: Ehrlich?

FRANK: Das erlebe ich jeden Tag! Und ich sage dazu: Dann laßt doch endlich auch die Hunde rein!

PETRA: Ich habe einen Hund und bin mit ihm voll glücklich. Der ist super erzogen, aber er wird diskriminiert und darf einfach nicht mit mir zusammen ins Restaurant! Warum eigentlich nicht? Warum dürfen das die Kids? Wieso haben Hunde weniger Rechte als die Kids, kann mir das mal einer sagen?

CHRISTOPH: Wenn mich Kinder angreifen, mich besabbern oder betatschen, wird nicht lange gefackelt, dann gibt's eine aufs Maul, aber knallhart!

FRANK: Gut so, wir brauchen mehr Zivilcourage!

VERA: Moment! Moment! Kinder sind doch auch Menschen. Oder etwa nicht?

FRANK: Kein Kommentar!

PETRA: Und Hunde? Was ist mit den Hunden?

CHRISTOPH: Na, die erst recht!

Morgen:

Deutsche Frauen – nein, danke!

GOTTFRIED: Deutsche Frauen sind blond, verklemmt und schlampig.

VERA: Alle?

GOTTFRIED: Alle.

VERA: Keine Ausnahmen?

GOTTFRIED: Keine.

VERA: War das schon immer so?

GOTTFRIED: Nee, früher nich. Als es das Mutterkreuz noch gab, war die deutsche Frau treu und häuslich. Aber inzwischen ist die so was von versaut.

VERA: Siehst du für dich persönlich vielleicht eine Alternative?

GOTTFRIED: Ja, ausländische Frauen.

VERA: Was haben ausländische Frauen, was ich nicht habe?

GOTTFRIED: Die sind einfach besser im Bett!

VERA: Aber vielleicht können sie nicht so gut kochen?

GOTTFRIED: Besser! Die kochen besser. Und die sind nicht so dominant und egoistisch.

VERA: Könntest du uns vielleicht mal ein Beispiel ...

GOTTFRIED: Eins? Tausende! Ich hab im Krankenhaus gelegen und mich gewundert, daß mich keiner besucht. Dann hab ich zu Hause angerufen, meine Stieftochter war dran: Ja, weißt du, meine Mutti, die hat jetzt'n Neuen, der ist viel netter, und deine Sachen, die kannste vom Bahnhof abholen, die sind im Schließfach! Frauen aus Thailand würden so was niemals machen! Nie! Die sind nicht nur jünger, die sind auch belastbarer, die sind einfach weiblicher.

VERA: Würdest du sagen wollen, daß der deutschen Frau vielleicht ein Stück weit das Weibliche fehlt?

GOTTFRIED: Genau! Neunundneunzig Prozent sind Schrott.

VERA: So, meine Damen und Herren, ein ganz dickes Dankeschön und einen herzlichen Applaus für Gottfried! Das war's, was Sie wissen wollten über die deutsche Frau. Nächstes Mal knöpfen wir uns den deutschen Mann vor! Nächstes Mal heißt es bei uns: Oh, bitte, nicht schon wieder! Mein Mann will immer, doch wo ein Willi ist, da ist nicht immer eine Wilhelmine.

Die Quadratur des Kreises

Frau Minzenberg, meine Nachbarin, war kurz nach Ostern in der Sendung »Nachgefragt«! Stolz lächelte sie in die Kamera, vergaß aber nicht, ihre Nachbarn daheim an den Bildschirmen herzlich zu grüßen. Die Jungs vom Fernsehn hatten sie engagiert, weil sie obenrum ein bißchen arg flach ist, wenn Sie verstehen, was ich meine.

Ausschweifend befaßten sie sich mit Frau Minzenbergs schwach entwickelter Oberweite. Die Kamera lugte ihr frech, wenngleich erfolglos ins Dekolleté.

Nach der Sendung erzählte Frau Minzenberg noch lange von ihrer Sendung, und unsere Straße sprach noch lange davon, daß Frau Minzenberg im Fernsehn gewesen war: Sie war im Fernsehn, hast du das mitgekriegt?!

Ihre Feinde allerdings, allen voran Herr Streubel, fanden, Frau Minzenberg mit ihrer Hühnerbrust hätte sich blamiert bis auf die Knochen.

Ich hielt die Aufregung um das bißchen Fernsehn für reichlich überdreht. Früher gab es gar kein Fernsehen, und die Leute haben auch gekuckt. Ich frage mich allerdings, wohin eigentlich.

Mir war soeben, nach jahrzehntelanger Vorarbeit, die Quadratur des Kreises gelungen. Mir war es endlich geglückt, die harte Nuß zu knacken, an der sich ganze Heerscharen von Mathematikern die Zähne ausgebissen hatten. Mit meiner neu entdeckten Formel war es nun ein Kinderspiel, jeden beliebigen Kreis in ein Quadrat haargenau gleichen Flächeninhalts zu verwandeln. Ich meldete meine Entdeckung beim Patentamt an. Das kostete fünfhundert Mark, und die Herren vom Patentamt versprachen mir, diese Jahrtausendsensation allen Wissenschaftsredaktionen aller deutschen Fernsehstationen unverzüglich mitzuteilen.

Dann war Ruhe.

Mehr kam nicht, mal abgesehen davon, daß ich in Stockholm den Nobelpreis einsackte.

Kurz vor Weihnachten gab Herr Streubel ein Gastspiel in der Sendung »Deine Gesundheit«. Er winkte uns aus dem Studio verstohlen zu, und jedermann konnte sehen, wie nervös und glücklich er war.

Die Jungs vom Fernsehn hatten auf ihn zurückgegriffen, weil er weit über die Pubertät hinaus mit einer unbesiegbaren Akne gestraft war. Die rotglühenden Pickel und Pusteln, die seine Züge illuminierten, schmückten den Bildschirm ungemein. In der Zeit des schwarz-weißen Dampffernsehens wäre davon so gut wie gar nichts rübergekommen, in Farbe aber war Streubel einfach eine Wucht!

Unsere Straße sprach noch lange davon, daß Herr Streubel im Fernsehn gewesen war. Er war im Fernsehn, hast du das mitgekriegt!

Frau Minzenberg dagegen, die ja auch Ahnung hatte vom Fernsehn, fand den Auftritt in höchstem Maße unappetitlich. Kein Zweifel, sie ärgerte sich insgeheim über Streubels frischen Ruhm.

Auch ich war, ehrlich gesagt, ein bißchen sauer auf Streubel. In aller Bescheidenheit sei kurz erwähnt, daß ich damals gerade das Perpetuum mobile zur Produktionsreife entwickelt hatte. Der Chef des Patentamts stellte mich seinen in Ehrfurcht erstarrten Mitarbeitern vor. Er selbst war zu Tränen gerührt. Für ihn war ein Menschheitstraum in Erfüllung gegangen.

»Heiliger Siemens!« rief er. »Ein Apparat, der Energie aus dem Nichts erzeugt ... Daß ich das noch erleben darf!«

Er sagte mir den zweiten Nobelpreis voraus, vielleicht sogar, wer weiß, einen Auftritt im Fernsehn. Sie kommen ins Fernsehn, denken Sie an meine Worte!

Die Fachwelt war des Lobes voll.

Das Nobelpreis-Komitee meldete sich unverzüglich.

Bloß vom Fernsehn rief keiner an.

Daraufhin griff ich meinerseits zum Hörer und fragte an bei Pro Acht, ob dort nicht vielleicht doch ein gewisses, wenn vielleicht auch nur laienhaftes Interesse bestünde am Perpetuum mobile ...

»Im Augenblick«, sagte eine schnöselige Frauenstimme, »interessieren uns neue Gruppen nicht so sehr.« Sie hätten bei Pro Acht alle Hände voll zu tun, die Puhdys und die Spice Girls zu promoten.

Diese Auskunft hatte für mich böse Folgen. Ich wurde depressiv, menschenscheu, nahm in zwei Wochen dreißig Kilo ab und begann mich zu fragen, warum gerade ich als doppelter Nobelpreisträger fürs Fernsehn so uninteressant sein mochte. Schön, ich hatte keine Mitesser wie Herr Streubel. Aber so wenig Busen wie Frau Minzenberg hatte ich allemal. Es gab also absolut keinen Grund, mich auszugrenzen. Mich befiel der Drang, irgendwas besonders Wertvolles kaputtzumachen.

Voller Wut raste ich zum Sender. Am Eingang versuchten Sicherheitskräfte mit roher Gewalt, mich zu stoppen. Wie ein wild gewordenes Verhängnis stürmte ich über endlos lange Flure unaufhaltsam durch bis ins Allerheiligste. Sie sendeten gerade den Kriminalschwank »Dr. Penis hat gestanden«, und zwar live.

»Wer«, brüllte ich, »ist hier der gottverdammte Regisseur?«

Alle machten »Psssst!« und deuteten auf einen Typen mit Vollbart. Wortlos stürzte ich mich auf ihn.

Er versuchte zu fliehen.

Doch ich war schneller.

Im gleißenden Licht der Scheinwerfer erwürgte ich ihn. Dann erschlug ich ihn, und um ganz sicher zu gehen, versetzte ich ihm darüber hinaus vor laufenden Kameras fünf tödliche Messerstiche. Keine halben Sachen, sagte ich mir. Darum zog ich zur Sicherheit auch noch meine Magnum siebenfünfundsechzig und pumpte ihn, als Zugabe sozusagen, mit Blei voll bis zum Stehkragen.

Diese Sendung hatte eine historische Einschaltquote von 150 Prozent. Mit anderen Worten: Mehr als 120 Millionen Deutsche hatten meine Sendung gesehen.

»Sie waren Klasse!« sagte Frau Minzenberg.

»Hut ab!« sagte auch Herr Streubel.

Die ganze Straße ist von mir begeistert. In den Zeitungen – nur erstklassige Kritiken.

Der Regisseur hieß übrigens Petersen; auch seine Witwe beglückwünschte mich.

Der deutsche Staatsminister für Kultur würdigte in einem zu Herzen gehenden Nachruf Leben und Werk des bestialisch Ermordeten.

Bei der Beerdigung stand der Staatsanwalt neben mir. Er war sehr, sehr nett und flüsterte: »Ich hab Sie im Fernsehn gesehen!«

Das schnappte der Herr Staatsminister auf und rief: »Nicht nur Sie, Herr Staatsanwalt! Auch ich hab ihn im Fernsehn gesehn!«

»Wir alle!« rief die Trauergesellschaft im Chor. »Wir alle haben Sie im Fernsehn gesehen!«

Sie waren total aus dem Häuschen! Sie machten einen ungeheuren Radau und brüllten mit einer ungeheuren Lautstärke, die den Wert von 200 Dezibel beträchtlich überschritt.

Mit vereinten Kräften warfen sie mich hoch in die Luft und riefen: »Hurra!«

Natürlich ist mir eine solche überbordende Verehrung nicht direkt unangenehm, aber, ehrlich gesagt, das, das! hatte ich nicht gewollt.

Das! hatte mit Pietät nichts mehr zu tun!

Mir war das alles furchtbar peinlich!

Und der Rummel traf mich ja auch völlig unvorbereitet; denn in der Todesanzeige hatte es noch schwarz auf weiß geheißen: Die Beisetzung findet in aller Stille statt.

Die gute Fee im U-Bahn-Schacht

Wer heutzutage in der Arbeitswelt vorankommen will, muß flexibel sein. Darum lass' ich, wenn's mal schnell gehen muß, mein Auto einfach stehen, wo es grade steht, und stürze mich in die U-Bahn. Stockender Verkehr, Stau, Vollsperrung auf der Autobahn – das alles hat für mich seine Schrecken verloren. Zum Glück ist in meiner Firma die letzte Kurve vor der Stechuhr rennbahnmäßig überhöht, darum ist es mir ein leichtes, so pünktlich zum Dienst zu erscheinen, daß der Boss seine Uhr demonstrativ nach mir stellt, und zwar mit einem kritischen Seitenblick auf meine Kollegen.

Durch mein Beispiel ermutigt, hat inzwischen auch Storkemeyer, mein Wohnungsnachbar, seine Einstellung zum öffentlichen Nahverkehr geändert. Als ich ihn kennenlernte, ging er keinen einzigen Schritt zu Fuß. Das Auto war für ihn Fetisch und Statussymbol zugleich. Er stammt aus dem Rheinland, Marl-Hüls, Horst-Emscher, Wanne-Eickel, Castrop-Rauxel diese Ecke, und unterstützt als Baudezernent den Aufschwung Ost aus vollem Herzen. Sein Ärger ist bloß, daß sie ihn lange Zeit nicht verbeamten wollten, warum nicht, ist mir schleierhaft; denn er ist gottesfürchtig, trinkfest und königstreu.

Wir unterhalten uns gelegentlich über Gott und die Welt, über Hoch- und Tiefdruckgebiete, über Hoch- und Tiefbau, das Thema Bestechung und Bestechlichkeit allerdings lassen wir vorsichtshalber weg. Nicht daß daraus jetzt einer falsche Schlüsse zieht! Krimineller als die andern ist der Storkemeyer auch nicht, ganz bestimmt nicht, da müßte ich mich denn doch sehr täuschen.

Jedenfalls stürmen wir beide eines Morgens auf dem Weg zur Arbeit die U-Bahn-Treppe runter, und um ein Haar überrennen wir im dämmrigen Tunnel einen nachtblauen Kinderwagen.

Ein dickes, gesundes Baby lacht mich an, eine schlanke, blonde, junge Mutter blickt mir vertrauensvoll entgegen. Storkemeyer als Beamtenanwärter voll und ganz auf den Dienstbeginn fixiert, hastet kaltblütig weiter. Anders als unsereins ist er von Castrop-Rauxel her durch das kapitalistische Wolfsgesetz total versaut.

Ich dagegen bleibe stehen, wie es sich gehört, und fasse mit zu, wie ich es einst in der Menschengemeinschaft gelernt habe. Im Handumdrehen befördere ich gemeinsam mit der jugendlichen Mutter den Kinderwagen nach oben in den hellen Sonnenschein. Das dicke Baby lacht mich dankbar an. Ich aber bleibe cool und winke ab: eine kleine Mühe, nicht der Rede wert.

»Eine Selbstverständlichkeit«, sage ich.

Das will die attraktive, blutjunge Mutter nicht gelten lassen. »Nein, nein, nein!« ruft sie. »Das war eine gute Tat, und Sie sind ein guter Mensch.«

»Ach, nicht doch ...«, sag ich.

»Jedenfalls haben Sie bei mir einen Wunsch frei.«

Wie? Was? Hab ich das jetzt richtig gehört?

»Sie haben«, wiederholt sie, »einen Wunsch frei.«

»Leider«, sage ich, »bin ich in Eile und außerdem ja auch nicht mehr der Jüngste ...«

Sie lächelt süß und geheimnisvoll: »Könnte es denn nicht sein, daß ich eine gute Fee bin?«

Doch, doch, rein äußerlich könnte das schon sein.

»Warum spielen Sie nicht mal mit in der Lotterie, einfach

nur so, spaßeshalber. Aber bitte nicht Lotto«, ruft sie mir hinterher, »unbedingt Lotterie!«

Von meiner guten Tat beflügelt, erreiche ich mit einem endlaufreifen Sprint meine Bahn und husche sogar noch vor dem verdutzten Storkemeyer ins Abteil, erhitzt, außer Atem, aber glücklich. Storkemeyer ist nicht weiter beeindruckt, im Gegenteil, er deckt mich ein mit ironischen Betrachtungen über die Solidaritätsrituale der Jammerossis, die sich gegenseitig jeden Tag dreimal brüderlich die Hände schütteln. Die sich gegenseitig die Türen aufhalten, und zwar mit dem Lustschrei »Bitte, nach Ihnen!« Behinderte, Seniorinnen, Senioren und ehemalige Arbeiterveteranen unentgeltlich über Hauptverkehrsstraßen zu geleiten ist ihre Lieblingsbeschäftigung. Und als hätten sich die deutsch-deutschen Verhältnisse nicht gründlich geändert, besuchen sie aus alter Gewohnheit Altlast-Feten und Loser-Parties, bei denen absolut nichts rausspringt, weil in Ermangelung von Geschäftsleuten keinerlei Geschäfte eingefädelt werden können.

Storkemeyer hätte zu diesen ostalgischen Geselligkeiten noch so allerlei zu sagen gehabt, doch ich bin am Ziel und muß raus, und die Geschichte wäre an dieser Stelle zu Ende gewesen, hätte sie nicht dann noch dieses irre Nachspiel gehabt.

Ob ihr's glaubt oder nicht, nach Feierabend finde ich in meinem Briefkasten einen dicken Umschlag, eine Versandtasche, um es politisch korrekt auszudrücken. Ein Superangebot der Süddeutschen Klassenlotterie, an mich namentlich adressiert: »Sehr geehrter Herr Röhl! Ja, es ist wahr, mit unserer Lotterie können Sie fünf Millionen D-Mark gewinnen oder wahlweise zwei Komma fünf Millionen Euro ...«

Hm.

Unseriöse Angebote dieser Art lege ich gewöhnlich nicht achtlos zur Seite, die schmeiß ich jedesmal mit voller Kraft in den Papierkorb. Es sind in jedem Fall leere Versprechungen. In diesem Fall allerdings liegt ein Muster-Scheck über fünf Millionen Mark bei, auch ein Muster-Sparkassenbuch für hochverzinsliche Kapitalanlagen. Weiterhin ist die Sparkasse bereit, mir für mein Guthaben von fünf Millionen Mark monatlich einen Zinsertrag von fünfunddreißigtausend Mark gutzuschreiben. Wahnsinn! Dabei kostet das ganze Los, das sogenannte Eineintel-Los, nicht mehr als ganze hundertsechzig ...

Ein toller Tag!

Erst die gute Tat, und dann noch die Megachance. Mir ist es, ehrlich gesagt, piepe, ob da tatsächlich irgendein geheimnisvoller Zusammenhang besteht oder nicht. Esoterik und Psi bedeuten mir auch nicht mehr als jeder Glaube oder Aberglaube. Vor zehn Jahren war ich noch dialektischer Materialist. Aber daß es Glück bringt, ein Hufeisen zu finden, das weiß ich natürlich; es kann allerdings, auch das weiß ich, ein sogenanntes Danaergeschenk sein, wenn nämlich das Pferd noch dran hängt, auch wenn es englisches Vollblut sein sollte und es sich vielleicht gar um einen Derbysieger handelt.

Natürlich weiß ich genau wie ihr alle, daß es gar keine guten Feen gibt! Mit anderen Worten: Wenn ihr wollt, könnt ihr dieses Vorkommnis gerne einen Zufall nennen oder auch, je nach Bildungsstand, ein stochastisches Event.

Ihr könnt euch aber ebensogut die Wahrheit anhören, und die Wahrheit lautet: Schon nach wenigen Tagen überhäuft mich die gute Fee aus dem Füllhorn der Süddeutschen Klassenlotterie mit den erwähnten fünf Millionen Mark. Plötzlich und unerwartet bin ich Millionär. Wie Schumi! Wie Boris! Wie Steffi! Wie Verona! Wie Krupp und Thyssen!

Mein erster Gedanke: Diese Geschichte, Emmes, die behältst du für dich. Zähne zusammenbeißen! Kein Wort zu

Storkemeyer! Keine Silbe zur BILD-Zeitung! Ab mit der Kohle nach Luxemburg, und: Schweigen im Walde!

Mein zweiter Gedanke: Der Storkemeyer wird staunen!

Eine ausgesprochen dumme Idee von mir! Aber wer kann denn wissen, daß der Storkemeyer es am Herzen hat! Gleich zweimal landet er mit Infarktverdacht beim Arzt, das erste Mal, als ich meinen Millionengewinn kucken lasse, das zweite Mal, als ich andeute, daß eine gute Fee an dem ganzen Theater beteiligt ist.

Nun hat er es plötzlich eilig.

Ich sage: »Wo willst du denn hin?«

Keine Antwort.

Heute weiß ich, wohin.

Der wittert Menschenfleisch, der Storkemeyer, der stellt sich gleichfalls an den verzauberten U-Bahn-Schacht, und es dauert keine halbe Stunde, da hat auch er eine Mutter mit Kinderwagen aufgegabelt.

Diese gute Fee allerdings stammt dummerweise aus Castrop-Rauxel, und Storkemeyer kommt ihr schon auf den ersten Blick verdammt bekannt vor. Sie nimmt ihn kritisch unter die Lupe und identifiziert ihn bei lebendigem Leibe, mit Blutprobe und allen Schikanen. Inzwischen genießt er staatlich anerkannte Vaterfreuden. Mit allen juristischen und finanziellen Folgen. Ein Lotteriegewinn leider ist nicht darunter.

Die Gretchenfrage

Ich hatte die Glätte des Glatteises unterschätzt, und mein Schutzengel war mit seinen Gedanken wohl auch schon im Winterurlaub. Ich brach mir ein Bein und fand mich wieder in der Hals-und-Beinbruch-Klinik. Die Schwester brachte mir das Aufnahmeformular. Ich setzte mich im Bett auf, klappte den Klapptisch herunter, trug meinen Namen ein, mein Pseudonym, meinen Zweitwohnsitz und noch ein paar Extras aus meiner Intimsphäre. Das ging trotz meines gesundheitlichen Handicaps ganz flüssig bis zur siebten Frage.

Es war die Gretchenfrage. Die Frage nach dem Glaubensbekenntnis.

Legt meine Worte jetzt mal nicht auf die Goldwaage, aber die Frage, fand ich, roch penetrant nach Pech und Schwefel und Gesinnungsschnüffelei. Ob in diesem äußerlich unauffälligen Krankenhaus noch immer Stasischnüffler und alte Seilschaften ihren schmutzigen Geschäften nachgingen?

Fragen dieser Art hatte ich erst ein paar Wochen zuvor beantworten müssen bei einem Flug in die Vereinigten Staaten: Steht hinter Ihrer Einreise die Absicht, sich an strafbaren oder unmoralischen Handlungen zu beteiligen? Am liebsten hätte ich mit Ja geantwortet: Ja! Ich habe die Absicht, dem Präsidenten der Vereinigten Staaten von Amerika seine drei knackigsten Praktikantinnen auszuspannen. Vorsichtshalber antwortete ich mit Nein, denn amerikanische Präsidenten haben schon aus geringerem Anlaß ihre Tarnkappenbomber zu Flächenbombardements in Marsch gesetzt.

Gebieterisch fragte das Krankenhaus-Aufnahmeformular, was ich mich selbst noch nie gefragt hatte, was man sich aber durchaus schon mal fragen kann; fragen kostet ja nichts.

Also, was war denn nun?

Glaubte ich?

Und wenn ja, wem oder was oder woran?

Jahrelang hatte ich an das Gute im Menschen geglaubt, auch an verschiedene Sieghaftigkeiten. Einst glaubte ich, daß die Brennesseln Brennelsen heißen und die Komponisten Komposisten – woher sonst die Gattungsbezeichnung Komposition?!

Das war dann schon in der Pubertät, als ich Tag und Nacht grübelte und grübelte und grübelte, aber beim besten Willen nicht rauskriegen konnte, worüber eigentlich. Damit will ich nur kurz andeuten, daß es Dinge gibt zwischen Himmel und Erde, da biste einfach baff!

Wie eine ernst zu nehmende Illustrierte meldet, sendet der unvergessene, umfangreiche Schauspieler Günter Strack seiner Witwe fleißig Signale aus dem Jenseits. »Ich glaube«, sagt Frau Strack, »daß er mich bei wichtigen Entscheidungen bestätigt.« Zur Erinnerung nur soviel: Der gute Günter Strack spielte im Fernsehen immer diese humorvollen, trinkfesten Pfarrer, und es kann schon sein, daß er bei dem da oben einen Stein im Brett hat, das heißt, falls es den gibt und der auch gerne mal einen doppelten Doppelkorn verklappt.

Jedenfalls gehen im Hause Strack jeden Abend auf unerklärliche Weise die Lichter an und aus, ohne daß irgendein Irdischer sich mit seinen dreckigen Pfoten an irgendeinem Schalter vergreift und obwohl die moderne Elektrik tipptopp in Ordnung ist. Kommentar des Hausmeisters: »Na, so was, ist etwa der Chef wieder da?«

Mein Bewährungshelfer sagt immer: Wir alle stehen mit beiden Beinen fest in der Luft! Wir suchen das Beständige in der Erscheinungen Flucht, und wenn wir zufällig ein paar gute Geschäfte gemacht haben, glauben wir bereitwillig, daß die Kohle das Größte ist und bei den Top ten der menschlichen Werte im Ranking ganz weit oben steht. Aber Geld, Freunde, macht nicht glücklich, wenn man nicht außerdem noch ein paar Immobilien, Aktien und Juwelen sein eigen nennt. Richtig ist jedoch auch: Ein Mensch kann mit einundzwanzig Millionen Mark genauso glücklich sein wie mit zwanzig Millionen Mark!

Wenn allerdings eines nicht besonders schönen Tages die geschäftlichen Erfolge ausbleiben, ist Heulen und Zähneklappern angesagt, dann geraten wir willenlos in den Sog einer esoterischen Sinnkrise. Entweder weinen wir dann oder fangen an zu überlegen, ob wir zur Weltesche Yggdrasil beten, uns Wotan zu Ehren an Feuerlauf, Runengesang und Kräuterbeschwörung beteiligen oder bei der Scientologenkirche für den Schnäppchenpreis von vierhundertfünfzig Mark ein Zwölf-Stunden-Intensiv-Auditing belegen sollten.

Zum Glück hat der Aberglaube, seit er sich zur Esoterik gemausert hat, nicht mehr diesen miesen Ruf wie früher. Auch Triskaidekaphobie, die scheißende Angst vor der Zahl dreizehn, ist uneingeschränkt gesellschaftsfähig geworden, vielleicht sogar schon ein Beweis für vorurteilsloses Denken. Unsere Erde, der blaue Planet, der jedem Astronauten vom Orbit aus als Kugel erscheint, ist für die Zuschauerinnen und Zuschauer daheim an den Bildschirmen nach wie vor eine Scheibe. Und der Mensch, auch der, der immer noch blauäugig an ein altmodisch-unmodernes Vollbeschäftigtenideal glaubt, ist einfach ein Wunderwerk: Kein Zahnrad, keine Nockenwelle, und er bewegt sich doch.

Schwer vorstellbar, ehrlich gesagt, daß ein einzelner Schöpfer ohne die Hilfe eines hochkarätigen Spezialistenteams ein so irres Wunderwerk erschaffen könnte! Dieser

Schöpfer müßte schon einen Urknall haben. Durchaus denkbar, daß die Wissenschaft eines Tages nachweisen wird, daß allem Verursachten eine in sich ruhende Erstursache zugrunde liegt, und mich sollte es nicht wundern, wenn ausgerechnet gottesfürchtige deutsche Dichter und Denker herausfinden, daß jenes höhere Wesen, das wir verehren, der Täter war.

Aber natürlich könnten wir auch ihn selber fragen. Rufe mich an in der Not, sagt der HERR. Am vorteilhaftesten wäre es von Jerusalem aus; denn in Jerusalem ist jedes Gespräch mit Gott ein Ortsgespräch. Die Frage ist bloß: Hat jemand seine Handynummer? Wenn nein, müßten wir eben mailen oder faxen. Im Heiligen Land ermöglicht die Telefongesellschaft Bezek Gläubigen zu erschwinglichen Gebühren den ungehinderten Faxverkehr mit dem HERRN.

Freundlich lächelnd betrat die Schwester mein Krankenzimmer, um das ausgefüllte Formular einzusammeln. Sie bemerkte mein gottloses Fragezeichen hinter der Frage nach meinem Glauben und bekam sofort den traurigen Blick. In sanften Worten erzählte sie mir eine schöne Geschichte, die sich kürzlich im Saarland zugetragen hatte.

Drei jungen Frauen aus Marpingen wäre die Muttergottes erschienen. Seitdem pilgerten fromme Menschen zu Tausenden dorthin, auch sie selbst, sagte sie, trage sich mit dem Gedanken, nach Marpingen zu wallfahren. Der Bürgermeister übrigens habe schon bei der Regierung und bei McDonald's den Antrag gestellt, Marpingen unbürokratisch als deutsches Lourdes anzuerkennen.

»Gute Reise«, sagte ich, und sie mißdeutete meine Worte offenbar als Ironie.

Sie pikte ihren Zeigefinger auf das Formular und fragte streng: »Glauben Sie wirklich nicht an Gott?«

»Nö«, sagte ich und zeigte entrüstet auf mein Gipsbein, »Gott glaubt ja auch nicht an mich.«

Möglichst nie wieder Krieg!

Deutschland, so freue dich! Nun ist ewiger Friede nicht mehr fern. Und er ist gar nicht mal teuer. Der komplette Weltfrieden für zehn Mark, als Werbekosten steuerlich abzugsfähig, so was ist doch ein ganz außerordentliches Schnäppchen. Dank Ihnen, Simone Sommer!

Ratlos wie ein Waisenkind war ich jahrelang durch die Straßen geirrt. Peace, murmelte ich vor mich hin. Peace, Paix, Paz, Pax, Pokoj, Mir, Frieden – so lautete in sieben Sprachen die Sehnsucht, um die meine verzweifelten Selbstgespräche kreisten. In Belgrad fielen Bomben auf Donaubrücken, in Bilbao explodierten mit Sprengstoff überladene Personenautos, in Palästina starben Kinder im Kugelhagel.

Ich wollte, ich mußte etwas tun!

Aber was?

Und konnte ich allein, konnte ein einzelner denn überhaupt etwas erreichen?

Und wenn ja, was?

Und wie denn bloß?

Mir fiel absolut nichts ein, bis zu jenem Tag im Mai, da ich an einem Bauzaun Simone Sommers bescheidenes Plakat entdeckte – Meditation für den Weltfrieden! Nach der Ankündigung zu urteilen, beschritt Simone Sommer einen Weg, an den ich noch gar nicht gedacht hatte: Wir meditieren gemeinsam, verbinden uns mit dem wundervollen Licht in unserem Inneren und strahlen es ab in alle Welt. Jede Aktion Gleichgesinnter stärkt dieses Potential! Es ist wichtig, so viel Licht wie irgend möglich für die Krisengebiete der Welt bereitzustellen, darum freuen wir uns auf Ihre rege Teilnahme ...

Ich wußte sofort: Das isses!

Der gute Wille der Vereinigten Staaten allein reicht auf Dauer nicht aus, die Feinde des Friedens zu bändigen. Aussichtsreicher ist da gewiß ein Meditations-Workshop, veranstaltet von Simone Sommers Privatinstitut für multidimensionale Persönlichkeitsentfaltung.

An der Kasse entrichte ich meine zehn Mark Entree. Aus alter Gewohnheit strecke ich die Hand nach der Eintrittskarte aus, doch die Claudia von der Kasse klebt mir statt dessen ein himmelblaues Herzchen auf den Handrücken, das blaue Herz der Harmonie. Den Saal bevölkern drei Dutzend versonnen lächelnde Friedenskämpfer, Leistungsethiker, linksintellektuelle Motorradfahrer und altgebliebene Junglehrer. Die zehn Minuten bis Meditationsbeginn überbrücken speziell die Friedensfreundinnen, indem sie sich herzen und küssen. Oh, wenn doch alle Menschen der Welt einander so liebevoll begegneten, der Serbe dem Basken, der Tamile dem Tschetschenen, der mordbereite, globalisierungsfeindliche Terrorist der Lichtgestalt aus der Rüstungsindustrie.

Die Luft ist erfüllt von Sphärenklängen aus der Beschallungsanlage: Träumerei von Schumann, arrangiert für Keyboard mit Panflöten-Highlights. Schade, daß der deutsche Verteidigungsminister nicht zugegen ist. Wie schön wäre es, Seit' an Seit' mit ihm vom Frieden zu träumen. An der Technik der Ulli mit dem roten Pulli.

Auf dem Podest in blauschwarzem Gewand auf einem ganz gewöhnlichen Stuhl total entspannt, völlig losgelöst, mit geschlossenen Augen, selig lächelnd eine Frau wie du und ich, vielleicht einen Tick eleganter – die Simone. Kein Zweifel, sie ist bereits in Kontakt mit den kosmischen Friedenskräften. Punkt neunzehn Uhr erhebt sie sich, wirft ihr langes schwarzes Haar hinter sich und begrüßt uns ganz lieb. Heute, sagt sie, setzen wir das Licht mal für den Frieden ein. Lange, sagt sie, hätte sie in Berlin kein Seminar mehr gemacht, und dabei hat es doch gerade Berlin so verdammt nötig! Berlin ist ein Totalbrennpunkt, ein Schmelztiegel. Ihre Freundinnen haben auch gesagt, Simone, haben sie gesagt, Berlin ist ein Totalbrennpunkt, in Berlin müssen die Energien fokussierter eingesetzt werden. An diesem Abend nun, sagt sie, wollen wir dem Licht in Berlin »eine anständige Richtung geben, damit das Licht endlich weiß, wo es hingehen soll«. Wenn das Licht nämlich nicht weiß, wo es hingehen soll, muß sich keiner wundern, daß, wie kürzlich geschehen, zwei Tornado-Kampfbomber über der Ostsee den deutschen Tonnenleger »Kormoran« versehentlich bombardieren und versenken.

Einen ganz, ganz tiefen Beitrag zum Weltfrieden wird die Simone leisten. Was aber möchte die Gruppe, was möchte jeder einzelne Meditator einbringen? Wie MG-Garben prasseln die Vorschläge nieder auf die Simone. »Liebe!« heißt es, wie aus der Pistole geschossen. »Klarheit! Lebensfreude für Berlin! Kreativität für die Wissenschaft! Keine Panzerlieferungen an Schurkenstaaten!«

Damit haben wir schon ein Stück weit angefangen, unseren Fokus aufzubauen. Die Richtung stimmt. Statt auf den Eurofighter fokussiere ich meine gedanklichen Energien auf ein friedliebendes Pilsener Urquell vom Hahn, behaupte aber, als die Simone sich direkt an mich wendet, es ginge mir um »das Leben«.

So, nun aber Augen zu! Tief und entspannt geatmet! Wir lassen, wie die Simone es vorschlägt, den Atem bis tief in unsere Fußsohlen sinken, öffnen die dortigen Energiezentren und senden unser Bewußtsein durch die Füße, durch den

Fußboden, durch den Keller hindurch tief in die Erde hinab und verankern dort in der Unterwelt die gesamte Gruppe.

»Eine friedliche Landschaft«, raunt die Simone, »öffnet sich deinem inneren Auge. Du erkennst eine blühende Wiese, auf der vereinzelt Bäume ihr Zuhause gefunden haben. Der zarte Gesang der Vögel, die in den Zweigen ihr Rendezvous genießen, durchdringt die Luft, während du eintrittst in eine von goldenem Licht besonnte Landschaft. Wenn du sie einatmest, diese Lichtpartikelchen, kullern sie kichernd durch deinen physischen Körper ...«

Unsere physischen Körper atmen für den Frieden.

»Atme den Alltag aus dir raus!« jauchzt die Simone. »Atme, und das Licht durchdringt dich!«

Bange Frage: Atme ich wirklich tief genug gegen den internationalen Terrorismus, gegen Schurken wie Saddam »Satan« Hussein und »Slobo« Milosevic sowie gegen das Böse im allgemeinen? Vom Feeling her hab ich ein gutes Gefühl. Aber vielleicht sollte ich vorsorglich noch ein paar Atemzüge dranhängen gegen lokale Konflikte, gegen den kleinen Machthunger zwischendurch. Gegen Hufeisenpläne und militantes Fernsehen! Mit Entsetzen denke ich an die Serie ›Eine schrecklich nette Familie‹! »Wir machen uns ein gemeinsames Weihnachtsgeschenk«, sagt der Hauptdarsteller zu seiner Frau. »Mir kauf ich 'ne Knarre, Peg, und dir geb ich die Kugel!«

Bullenhitze im Seminarraum. Wieviel Energie doch freigesetzt wird, wieviel heiße Luft doch entsteht bei so einer Friedensmeditation!

»Was glaubst du«, fragt mich die Simone, »wird dein Licht, fokussiert auf die Krisenherde der Welt, den Frieden stärken?«

»Nee«, sag ich, »das glaub ich nicht ...«

Die Simone ist sprachlos.

»... das glaube ich nicht«, wiederhole ich. »Ich kann es nicht glauben.«

»Warum nicht?«

»Ich glaube nicht, ich weiß! Ich weiß, daß unser Licht den Frieden stärkt, Simone!«

Die Simone ist versöhnt.

Dankbar erwidere ich ihr Lächeln.

O ja, wir beide haben gut lachen; denn Deutschland ist weltweit der drittgrößte Rüstungsexporteur, vielleicht schon bald der zweitgrößte, und von daher in der Lage, jedem Aggressor, den wir angreifen, problemlos eine vernichtende Niederlage zu bereiten. Die Herren Schurken in den Schurkenstaaten sollten sich warm anziehen! Wenn sie nicht bald zur Vernunft kommen, können sie was erleben, und zwar friedenschaffende Maßnahmen, von denen sie sich nicht so schnell erholen werden!

Rundumschutz für Muchalski

Es klingelt Sturm an der Wohnungstür, und Muchalski denkt natürlich: die Kinder.

Er öffnet, und zu seinem maßlosen Erstaunen überschreitet ein ihm völlig unbekannter dicker Mann in brombeerfarbenem Sakko unaufgefordert die Schwelle. Wie eine Legitimation trägt er ein elegantes Diplomatenköfferchen vor sich her.

»Einen wunderschönen Tag, mein Freund!« ruft er und marschiert unaufhaltsam durch in die gute Stube.

Zögernd folgt ihm Muchalski.

Der Fremde setzt sich, öffnet den Aktenkoffer, entnimmt ihm allerlei eindrucksvolle Formulare und Papiere und sortiert sie mit bedeutenden Gesten vor sich auf den Tisch. Dann reibt er sich unternehmungslustig die Hände: »So, mein Freund, dann wollen wir mal! Das Wort Freund übrigens ist nicht nur so ein Dahergerede. Ich bin wirklich und wahrhaftig Ihr bester Freund; wären Sie nicht zufällig Sie, sondern Ihre liebe Gattin, dürfte ich wohl sagen: Ihr Hausfreund. Aber im Ernst: Versichert sein bannt Sorgen, du fühlst dich wohlgeborgen, verzeihen Sie das plumpvertrauliche Du. Einen Hund halten Sie nicht zufällig, Herr Muchalski?«

Muchalski schüttelt stumm den Kopf.

»Gut, schön, wunderbar. Also, um alle Klarheit restlos zu beseitigen: Ich bin der Herr Dausendschön, Ihr neuer Kundenbetreuer von der Homburg-Pforzheimer, was sagen Sie nun? – Nein, sagen Sie noch nichts! So wörtlich war das nicht gemeint. Denn jetzt fangen wir gleich an! Darf ich Ihnen zunächst ein Kompliment machen, Herr Muchalski, ohne Schmus und ohne Schleimspur. Wenn ich mich so umschaue in Ihrem Heim, alle Achtung! Eingerichtet sind Sie piko-piko, bello-bello, gut und gern hundertachtzigtausend Mark, unter Brüdern. Eine Augenweide! Hoffen wir, daß Sie immer nur Freude daran haben, Freude, nichts als Freude.«

Muchalski kommt sich vor wie ein Kleindarsteller in einem sehr schlechten Film.

»Sie schauen mich treuherzig an, mein Freund. Sie sind Optimist. Aber wie sieht's denn aus: Heute ist Ihre heile Welt noch heil, morgen aber stellt sich vielleicht schon ein Großschaden ein. Schwarze Wolken am Firmament, Wetterleuchten, Donnergrollen, und plötzlich wie aus heiterem Himmel ein ...«

Der zum Schweigen verurteilte Muchalski klatscht sich verzweifelt die flache Hand vor die Stirn.

»Ein Blitz, genau! Aber fürchten Sie nichts, im Fall eines Blitzschlags greifen wir Ihnen vertrauensvoll unter die Arme. Wir warten ja nur darauf, daß der Blitz einschlägt. Was ist Blitzschlag? Blitzschlag ist der Übergang des Blitzes auf die versicherte Sache. Oder nehmen wir Erdbebenschäden, Sturmschäden, Orkanschäden, Taifunschäden, Hurrikanschäden, Blizzardschäden! Unverhofft kommt oft! Ein Blick ins Fernsehen reicht. Mit des Geschickes Mächten ist nicht zu spaßen, und zwar in keinster Weise. Als neulich auf dem Balkon die Erde bebte ... Moment! Balkon? Sagte ich Balkon? Als neulich auf dem Balkan die Erde bebte, da wackelten die Wohnraumleuchten auch bei uns in Schöneberg. Ein einziger Kurzschluß, und wir hätten hier das herrlichste Großfeuer haben können. Wie schnell handelt man sich so ein Schadensfeuer ein. Sie gehen bloß mal kurz mit ihrem Frauchen aus. Die war grade beim Bügeln gewesen und vergißt, den Stecker rauszuziehen. Und Sie stellen noch die bohrende Frage: Hast du das Plätteisen abgestellt, Schnurzi? Die sagt: Ja. Hätte aber sagen müssen: Nein, leider nicht! Und dann sieht man nur noch die Trümmer rauchen, der Rest ist nicht mehr zu gebrauchen. Ist es nicht so? – Bitte, unterbrechen Sie mich nicht! Wenden wir uns erfreulicheren Dingen zu. Gehen wir vom Positiven aus. Sie haben Kinder. Dafür habe ich vollstes Verständnis. Spielsachen noch und nöcher. Ein Teddy auf dem Sofa, ein Gameboy auf der Kommode, in der Ecke eine elektrische Eisenbahn für Vati, schon weiß ich: Es sind Kinder im Haus. Ach, die Kinder! Noch sind sie klein. Doch sie wachsen heran, das Große bleibt groß nicht und klein nicht das Kleine. Eines Tages gehen sie zur Disko, und neun Wochen später: tamtamtamtam – tamtamtamta, tamtataramtatatamtaratata! Hochzeitsmarsch von Neubukow. Darum ein heißer Tip, mein Freund: Hochzeitsversicherung! Heiraten die Kinder, gut, kriegen sie Geld raus! Heiraten sie nicht, auch gut, kriegen sie auch Geld raus. Na, das ist doch eine feine Sache, oder?«

Blitzschnell reißt Muchalski den Mund auf.

»Moment!« sagt der Mann im brombeerfarbenen Sakko. »Ich bin gleich fertig. – Wo waren wir stehengeblieben? Ach so, ja! Sie sind jung, ein Mann voller Saft und Kraft, sie könnten Bäume und Sträucher ausreißen, Sie leben für den Augenblick, Jugend ist Trunkenheit ohne Alkohol. Aber! Machen wir uns nichts vor. Man kann gar nicht so dumm denken, wie es manchmal kommt. Ich könnte Ihnen zum Beispiel eine Kinderschutzversicherung anbieten: zweihunderttausend Mark bei dauerndem Körperschaden plus fünftausend Mark Bestattungsbeihilfe. Es wird mir nicht leicht, über diese traurigen Dinge zu sprechen, glauben Sie das ja nicht. Aber was sein muß, muß sein, Hauptsache, man behält den Humor, hab ich nicht recht? Nun fuchteln Sie mir doch nicht dauernd mit Ihren Pfoten vor der Brille rum! – Sehen Sie, jetzt haben Sie mich aus dem Konzept gebracht! Herzlichen Glückwunsch, das hatte bis heute noch keiner geschafft gehabt. Der Faden ist weg. Wie abgeschnitten. – Wie gesagt, ich will nicht schwarzmalen, aber man muß der Sache doch irgendwie realistisch ins Auge schauen. Der Tod ist gewiß, die Stunde ungewiß, das ist Fakt. Ob Sie rauchen oder nicht, kein Doppelkorn, keine Weiber nebenbei, alles gut und schön. Heute stehen Sie noch da wie 'ne deutsche Eiche, schlußendlich aber gehn Sie ab wie 'ne deutsche Fliege und machen die Mücke.«

Muchalski räuspert sich. In hartem Kampf gegen Bossing, Mobbing und Intrigen hat er sich in der Branche hochgearbeitet vom Orga-Leiter über die Position des Bezirksdirektors bis rauf zum Regionalleiter, und nun das! Ist er denn wirklich nicht Manns genug, diesen Sülzkopp von der Homburg-Pforzheimer zum Schweigen zu bringen?

»Schauen Sie kurz aus dem Fenster hinaus«, befiehlt Herr Dausendschön. »Was sehen wir? Wir sehen: Das Leben ist lebenswert. Die Lerche singt. Wider besseren Wissens denken Sie: Alles in Butter. Weiter denken Sie nicht. Aber wennse tot sind, denn stehnse da! Ohne Vertrach! Denn komm'se anjeloofen bei Ihre liebe Versicherung, aber denn isset zu spät. Leider! Der Fußballtrainer vom FC Sangerhausen, der war schlauer jewesen! Vorjestern abjeschlossen, jestern tödlich verunfallt, heute erhält er von uns eine Million bar auf die Hand! Warum, Herr Muchalski, wollen nicht auch Sie der Glückliche sein!«

»Hören Sie«, sagt Muchalski.

»Gleich sind Sie dran, okay? Sie wissen, warum unsere Bundesstraßen Verkehrsadern heißen, nicht wahr, das wissen

Sie doch. Weil Blut in ihnen fließt! Drum! Nichtsdestotrotz nehmen Sie jeden Tag teil am Straßenverkehr ...«

»Allerdings«, sagt Muchalski.

»Herr Muchalski! Nun lassen Sie mich doch endlich auch ein einziges Mal kurz zu Wort kommen! – Wo war ich stehnjeblieben jewesen? Ach so, ja. Glauben Sie mir, für Sie ist der Rundumversicherungsschutz das einzig Richtige: Haftpflicht, Leben, Auto, Hausrat, Rechtsschutz und die Unfallversicherung mit allem Drum und Dran – gegen Innenraumvandalismus und Marderbiß! Der Unfall lauert überall. Unfall, Herr Muchalski, das sagt man gedankenlos einfach so. Aber was steckt dahinter? Was überhaupt ist ein Unfall?«

»Das«, erklärt Muchalski mit bebender Stimme, »werde ich Ihnen gleich ganz genau sagen!« Mit beiden Händen rafft er die Papiere vom Tisch, schmeißt sie in den Aktenkoffer, knallt diesen zu und drückt ihn Herrn Dausendschön in die Hand.

»Ein Unfall«, sagt Muchalski mit Betonung, »ist ein plötzliches, von außen einwirkendes schädigendes Ereignis, das unfreiwillig eine Körperschädigung oder den Tod des Versicherten zur Folge hat.«

Herr Dausendschön sitzt da, wie vom Blitz getroffen, wie vom Erdbeben erschüttert. So genau kann die Definition nur einer aus der Branche kennen. Herr Dausendschön erhebt sich. Schweren Schritts schleppt er sich zur Tür, ein gebrochener Mann in brombeerfarbenem Sakko. Dann aber dreht er sich noch einmal um. Finster starrt er Muchalski an. »Hätten Sie«, sagt er kopfschüttelnd, »denn nicht ein Wort sagen können, Herr Kollege!«

No no-name please!

Jedes deutsche Kind nennt seine Großmutter Oma. Ich nicht!

Schon als Säugling ließ ich mich nie – niemals! – mit Nullachtfuffzehnwindeln windeln, ums Verrecken nicht, lautstark verlangte ich nach meinen Pampers. Und meine Großmutti, wie gesagt, nannte ich nicht Oma, sondern Omo. Werbefuzzis wird es freuen, dies zu hören. Mich begeisterte, daß im Werbefernsehen von meiner Omo viel öfter die Rede war als von anderen Waschmitteln, von Meister Proper etwa oder vom General, von Persil ganz zu schweigen.

Als ich noch ein kleiner Hosenscheißer war, wollte ich so oft wie möglich in den Zoo. Mehr als Elefanten liebte ich Krokodile und Alligatoren. Lange Zeit glaubte ich, der Gattungsname all dieser Krokodile wäre Lacoste. Damals war ich fest davon überzeugt, daß Panzerechsen extrem wasserscheu wären, weil sie mir zumeist auf der Brustseite farbfroher Polohemden begegneten.

Traumverloren blätterte ich eines Tages im Duden, und bei dieser Gelegenheit erfuhr ich zu meiner Überraschung, daß die Vokabel Tempo ein Zeitmaß meint, einen Takt, auch Geschwindigkeit oder Schnelligkeit, auf gar keinen Fall aber eine von Popeln und schleimigen Sekreten starrende Rotzfahne.

Rätselhafte deutsche Sprache.

Jede Rolex ist eine Uhr, nicht jede Uhr aber ist eine Rolex. Ein von Motorkraft getriebenes Zweirad, Herrschaften, ist nicht in jedem Fall eine Harley Davidson, umgekehrt aber ist jede Harley ein Motorrad. Nicht jedes Hochgeschwindigkeitsautomobil ist ein Porsche. Aber, mal angenommen, ich wäre professioneller Autoklauer und klaute Autos am laufenden Band – an einer Ente oder einem Trabant vergriffe ich mich nicht, lieber flöhe ich mit dem Fahrrad, und zwar mit einem Markenrad von Kettler. Voll cool würde ich, wäre ich Autoklauer, immer bloß Porsches klauen, Porsches und noch mal Porsches, und wenn gerade kein Porsche zur Hand wäre, einen Lamborghini, ausnahmsweise. Und weil wir grade von Autos sprechen, muß endlich auch mal gesagt werden, daß zwar an der Tankstelle unaufhörlich der Benzinpreis steigt, daß zum Ausgleich aber im Diesel-Factory-Outlet die Preise für Diesel-Jeans merklich nachgeben.

Für einen markenbewußten Kunden, finde ich, gehört es sich einfach nicht, in monatelanger Arbeit einen Pullover zwei links, zwei rechts eigenhändig zu stricken. Warum nicht? Weil du jederzeit die freie Auswahl hast bei Armani, Gerry Weber, Wrangler, Sandra Pabst, Montego, Marco Pecci, Pierre Cardin, Max Mara oder Tom Taylor!

Jeder Edding ist ein Filzstift.

Aber!

Nicht jeder Filzstift ist ein Edding.

Einen Edding jedoch sollten wir uns schon gönnen, liebe Edding-Freunde!

Wenn überhaupt schreiben, dann mit Edding.

So sieht man das übrigens auch bei Edding in der Chefetage.

Und: Wenn überhaupt lesen, dann mit Fielmann! Fielmann, der hat den Durchblick. Wenn aber eine Sonnenbrille, dann nicht von Fielmann, sondern von Gucci! Und wenn schon joggen, dann nicht in irgendwelchen namenlosen, qualmenden Käsequanten, sondern in Adidas oder Nike. Und wenn schon Wohlgerüche, dann Escada Sentiment oder Intuition von Estée Lauder. Wenn schon Gesichtsmaske, dann die mit dem Bio-Komplex von Prada. Wenn schon Kampf gegen die Orangenhaut, dann mit Supermince von Jeanne Piaubert. Wenn schon weiße Zähne, dann Zovirax! Zovirax gibt Ihnen ihr Lächeln zurück. Wenn schon Kampf gegen Haarausfall, dann, bitte schön, Kera-Tonia Fluidum, die Lösung für Ihre Haare! Wenn schon Beschleunigung der Darmträgheit, dann Dulcolax – zuverlässig in Wirkung und Verträglichkeit. Wenn schon gesunde Nägel, dann Gabunat-Biotin-Kapseln! Wenn schon den Body entwässern, dann mit Biofax-Kapseln – wellness at its best!

Und wenn schon rauchen, meine Herrn, dann nicht Siedlerstolz oder Navy Cut, den Prollzigarillo Sprachlos oder Die leichte Bruns, sondern bundeskanzlergleich in festlichen Stunden zur Selbstbelohnung mal eine Cohiba aus dem Humidor, eine Montecristo etwa oder eine Romeo & Juliette.

Charles Darwin wird es interessieren, daß die Menschwerdung des Menschen erst mit seiner hundertprozentigen Verkundung vollendet ist. Wie Sportlerinnen und Sportler stolz die Firmenlogos ihrer Sponsoren auf Ober- und Unterbekleidung oder als Tattoo tragen, sollten auch wir Zivilisten allmählich Farbe bekennen. Ist es etwa eine Schande, wenn an jedem Sakko Joop! stünde, an jedem Oberhemd Daniel Hechter und an jeder Hose der Schriftzug Hugo Boss? Natürlich nicht. Im Gegenteil, die Nation, die doch bloß noch vor der Glotze rumhängt, hätte endlich mal wieder was zu lesen.

Ich persönlich hoffe insgeheim auf lukrative Sponsorenverträge; denn es ist ja nicht ausgeschlossen, daß sie bei Hugo Boss diese werbeträchtigen Zeilen zur Kenntnis nehmen, bei Daniel Hechter, Joop!, bei Armani, Gerry Weber, Sandra Pabst oder Tom Taylor.

Ich weiß genau: Eines Tages werden Menschen mit logofreiem Outfit sich aufs peinlichste underdressed fühlen, nackt, bloß und unanständig. Und natürlich darf es künftig nicht mehr passieren, daß, wie kürzlich geschehen, Schülerinnen und Schüler ihre Schule am Coke-Tag gedankenlos im Pepsi-Shirt betreten, vom ossilastigen Club-Cola-Shirt ganz zu schweigen.

In meinem Fertighaus von Kampa heize ich zur Zeit noch mit Gas, und zwar mit einer Heizung von Vaillant, spiele allerdings mit dem Gedanken, zur heimeligen Ofenheizung zurückzukehren. Heizen werde ich nicht mit Briketts, natürlich nicht, sondern ausschließlich mit First-Class-Brennholz von IKEA.

Wenn es um Markenprodukte geht, bin ich extrem konsequent, fast stur. Lieber gar nicht mehr vögeln, als mit No-Name-Verhüterli! Immer noch soll es Traditionalisten geben, die ihre Manneskraft mit Sellerie zu stärken versuchen – eine Schnapsidee. Wozu gibt es Viagra von Pfizer!

Nun weiß ich nicht, ob Sie vielleicht schlecht von mir denken, wenn ich Ihnen verrate, daß meine, sagen wir, sexuellen Empfindungen gesteigert oder überhaupt erst erregt werden durch intime Bekleidungsgegenstände aus dem Bereich der Damenunterwäsche. Mit anderen Worten: Wenn ich in Liebe entbrenne, was vielleicht nicht oft vorkommt, aber immer öfter, dann regelmäßig im Blickkontakt mit einer appetitlich behängten Wäscheleine, wenn Sie verstehen, was ich meine. Allerdings ist es nicht der beklagenswerte Anblick selbstgehäkelter Hüfthalter, der mein Herz höher schlagen läßt, auch Liebestöter von Schiesser oder Feinripp-Miederhöschen von Esprit lassen mich kalt. Ein Wonderbra dagegen, ein transparenter lila Bügel-BH mit Strass-Steinen und Push-up-Effekt, von Versace und nicht unter fünfhundert Mark, oder ein hauchfeiner, die Phantasie beflügelnder magentaroter String-Tanga von Calvin Klein, in Charmeuse und mit diskreter Transparenzoptik wecken in mir ein so unwiderstehliches Begehren, daß ein süßer Schwindel mich befällt, daß ich die Welt vergesse und all die wertvollen Menschen, die man, wie ich wohl weiß, unter den hinreißenden Dessous ja auch sehen soll. Diese wertvollen Menschen aber sind mir in solchen Momenten völlig piepe; denn mich beherrscht nur noch der Gedanke an den Fetisch. Parole: Ran an die Wäscheleine, ran an die Wäsche!

Meister der Selbstkontrolle mögen diese meine Schwäche verurteilen. Bitte! Verurteilen Sie mich! Ich aber muß tun, was ich tun muß.

Ich kann nicht anders.

Angenommen, ich erhielte von höherer Stelle den Befehl, mit meinem Auto nichtsahnende Fußgänger zu überfahren. Wenn's sein muß, würde ich sagen, bitte. Allerdings nur mit Reifen von Firestone!

Angenommen, ich erhielte den Auftrag, einen Schurken aus einem dieser Schurkenstaaten zu erdrosseln. Gern, riefe ich meinen Auftraggebern zu, aber nur mit einem 500-Karat-Collier von Cartier!

Ich bin nicht scharf darauf, Menschen abzumurksen oder zu erstechen, aber wenn schon, dann nur mit einem Spezial-Käsemesser von WMF.

Ich neige nicht dazu, unschuldige Menschen zu erschießen, aber wenn, dann nur mit einer Heckler & Koch. Und sollte ich eines Tages Bock auf Selbstmord kriegen, dann nur mit einer Beretta Kaliber 7,65!

Und, ganz im Vertrauen, noch ein Letztes: Wäre ich Bettnässer, für mich gäb's nur noch ein einziges Getränk: Henkell trocken!

Elfies Homepage

Wir haben einen neuen Computer. Für mich ist er voll dunkler Gefahren und nicht zu enträtselnder Geheimnisse – wie der Regenwald oder die wunderbare Welt der geheimen Dienste. Meine Elfie dagegen versucht mit großer Beharrlichkeit und, wie ich glaube, mit Erfolg, ihm auf die Schliche zu kommen. Das macht mich stolz, zugleich aber quält mich die ungute Gewißheit, seit kurzem nicht mehr die Nummer eins im Haushalt zu sein, vielleicht gar in ihrem softwarevernarrten Herzen.

Immer öfter befällt mich ein Argwohn. Kokettiert sie neuerdings etwa mit ihrer Jugend? Will sie mir nonverbal mitteilen, was ich selbst am besten weiß, daß ich nämlich zwanzig Jahre älter bin? Vielleicht sogar zwanzig Jahre zu alt? Daß ich keine Chance mehr hätte, die Schwelle zum Paradies der neuen Medien jemals zu überschreiten?

»Ein Mensch ohne Internet-Adresse«, sagt sie, »weißt du, was der für mich ist? Der ist für mich schlimmer als eine Person ohne festen Wohnsitz!«

Wen meint sie damit?

Im Traum ist mir gestern nacht ein schlimmes Bild erschienen, genauer gesagt ein Schild, wie jeder Einzelhändler es am Eingang zu seinem Laden anzubringen pflegt – ein Hund samt Aufschrift: Ich muß draußen bleiben! Und der Mops im Traum hatte verdammt große Ähnlichkeit mit mir.

Stundenlang vertieft sich Elfie in das hieroglyphische Abrakadabra der Gebrauchsanleitungen. Sie sagt, die Texte seien gar nicht so knifflig oder unverständlich, wie irgendwelche älteren Herrn immer wieder behaupteten, ganz im Gegenteil, eher leichte Literatur, im Schwierigkeitsgrad etwa den berühmten Konsalik-Romanen vergleichbar, wenngleich raffinierter in der Machart.

Die Welt ist für Elfie bloß noch ein globales Dorf.

Stundenlang surft sie kreuz und quer durchs Internet, der T-Online-Lotse ist ihr bester Freund. Ich aber, Gott sei's geklagt, weiß erst seit heute früh, daß sie gar keinen Sprudel meint, wenn sie Browser sagt, aber, bitte: Fragt mich jetzt nicht, was genau damit gemeint ist!

Ich weiß es nicht.

Sie hat versucht, es mir zu erklären, ist damit aber kläglich gescheitert.

Selbst Ansichtskarten verschickt sie nicht mehr mit der Postkutsche, sondern nur noch per E-Mail.

Früher hat sie öfter mal ein gutes Buch gelesen, Rosamunde Pilcher, Rolf Biermann, Lutz Rathenow, diese Sachen. Das ist vorbei. Die Schwarten, die bei uns zu Hause in den Regalen verstauben, sind von vorne bis hinten rausgeschmissenes Geld. Ihre Augen, so scheint mir, verformen sich allmählich zu Rechtecken, die einen mattscheibenblauen Schimmer abstrahlen. Sie liest, wenn sie liest, nur noch am Bildschirm.

»Das Internet«, schwärmt sie, »ist die größte Bibliothek der Welt!«

Das ist nicht übertrieben. Das sehe ich genauso. Das Internet gibt Antwort auf alle nur denkbaren Fragen, vor allem auf jene, die kein Mensch gestellt hat.

Neulich hat Elfie ermittelt, wo in Japan der Japaner, wenn er möchte, ein kleidsames Toupet für seinen Hund kaufen kann. Sie kennt inzwischen das Quadrat der Zahl 111111111. Wenn du 111111111 mit 111111111 multiplizierst, kriegst du

12345678987654,321 raus, eine Zahl, die man sich nicht nur merken sollte, sondern auch ganz leicht merken kann. Und bei Sex, der diesen Namen verdient, verbrennt jeder der beiden Teilnehmer 360 Kalorien pro Stunde, das heißt, wenn ihm neben dem Internet für Sex noch ein Stündchen Zeit bleibt.

Das eben ist, wenn ich es recht verstehe, der Reichtum des Cyberspace: Man gerät mit Lichtgeschwindigkeit vom Hundertsten übers Tausendste ins Millionste.

»Allerdings muß man einigermaßen Englisch können«, sagt Elfie, »sonst läuft gar nichts.«

Sie hat einen Englischkursus belegt, für Fortgeschrittene, English for Runaways, und arbeitet fleißig ihre Defizite auf. Die ersten globalen Erfolge haben sich schon eingestellt. In der Homepage der New York Times ist sie auf die bisher weitgehend unbekannte Tatsache gestoßen, daß die führenden deutschen Nazis leidenschaftliche Fans von Ballsportarten waren. Jeder besaß mindestens einen Ball, sie wisse bloß noch nicht, sagt Elfie, ob es sich um Fußbälle, Handbälle oder Tennisbälle gehandelt hätte, da fehlten ihr vorläufig noch ein paar Infos. Bälle jedenfalls spielten im Dritten Reich eine große Rolle, wie aus einem einschlägigen Vierzeiler hervorgehe, den die New York Times in ihrer Homepage veröffentlicht hätte:

Hitler had only got one ball,
Goering's were very, very small,
Himmler's were somewhat sim'lar,
and Goebbels had no balls at all.

Wenn man, wie Elfie, die Suchmaschinen zu bedienen weiß, Suchmaschine Fireball oder Suchmaschine Yahoo, steht man bald bis über beide Ohren in den Facts. Allerdings, sagt sie, muß man im Internet auch selbst Flagge zeigen, sonst macht es bald keinen Spaß mehr.

Darum will sie sich demnächst eine persönliche Homepage zulegen.

Unbedingt.

Ihre Freundin Rosi hat auch eine Homepage!

Es gab Zeiten, da Rosi und Uwe an jedem zweiten Wochenende bei uns aufkreuzten, eine Flasche Rotkäppchen am Mann und ein Alpenveilchen. Ehrlich gesagt, mitunter wurde mir das damals schon, na ja nicht direkt lästig, nur eben ein bißchen viel, trotzdem, im Rückblick muß ich sagen, daß es meistens vielleicht doch ganz nette Abende waren mit Klatsch und Tratsch und Dummquatschen, auch mal ein Witz zwischendurch, klar, und Elfie kocht ja auch gerne und gut. Beim Gegenbesuch kochte dann Rosi, die Kocherei war auf dem besten Wege, zum Wettbewerb auszuarten.

Diese Live-Besuche sind selten geworden, sie finden, genauer gesagt, gar nicht mehr statt. Gekocht wird schon lange nicht mehr, leider. Der Computer ist Herr im Haus und verlangt sein Recht. Allerdings ... Obwohl die Besucherei der Vergangenheit angehört, wissen wir doch immer so einigermaßen, was drüben los ist bei Rosi und Uwe in Stube und Küche und so weiter. Wir wissen es, weil wir alles mit eigenen Augen sehen, auch wenn wir leibhaftig gar nicht anwesend sind.

Rosi, wie gesagt, hat eine Homepage.

Diese heißt http://www.rosicam.de.

Daraus ersieht sogar schon der Laie, daß es sich um eine Homepage der dritten Art handeln muß, eine Homepage, die mehr zu bieten hat als bloß dürre Buchstaben, Wörter, Sätze und sonstiges Blabla, eine Homepage, von der ich vor einem halben Jahr noch nicht geglaubt hätte, daß es solche Homepages überhaupt gibt oder jemals geben könnte.

Rosis Homepage arbeitet, haltet euch fest, mit bewegten Bildern. Mit Film! Und die Hauptrolle spielt immer Rosi.

Uwe ist Kameramann und Regisseur. Er hat sich eine Webcam zugelegt, wenn Sie wissen, was ich meine. Diese Webcam filmt alles, was ihr in die Quere kommt, und das ist immer Rosi.

Die Webcam ist handlich, Kaliber Arbeiterfaust vielleicht, und sie ist vom Gewicht her kinderleicht. Man kann sie in der Wohnung nach Herzenslust herumtragen und alles aufnehmen, was nicht niet- und nagelfest ist. Uwe hat sie an einen Laptop angeschlossen, und dieses Wunderwerk von Laptop speist die Aufnahmen alle zwei Minuten ins Internet ein, damit alle Menschen der Welt sich einlinken und ununterbrochen miterleben können, was Rosi gerade macht.

Was macht Rosi?

Rosi erwacht, reibt sich die Augen, gähnt ausgiebig, erhebt sich aus dem Lotterbett, reckt und streckt sich, duscht, putzt sich die Zähne, schmeißt die Kaffeemaschine an und den Toaster, deckt den Frühstückstisch, rührt das Rührei an und reicht Uwe, der natürlich nicht im Bild ist, weil er ja die Webcam bedienen muß, eine Scheibe Toast ... So geht es den lieben langen Tag. Rosi am Geschirrspüler, Rosi an der Waschmaschine, Rosi bei gymnastischen Übungen, Rosi gießt die Blumen, Rosi nimmt die Post aus dem Briefkasten, Rosi blättert in der Super-Illu und lacht sich kaputt über die gezeichneten Witze von Heinz Jankofsky.

Manchmal bewegt sich Rosi durch die Wohnung, als wäre sie mutterseelenallein und unbeobachtet, als läge gar keine Kamera auf der Lauer, als gäbe es gar keine Voyeurs mit Schmuddelgedanken, manchmal lacht sie frech in die Linse und zeigt dem Betrachter die Zunge, manchmal zeigt sie ihm auch einen Vogel, und ganz besonders gern, so mein Eindruck, nimmt sie bedenkliche, pikante Posen ein, eine Standwaage zum Beispiel; sie führt uns Kopfstände vor oder Pirouetten ...

Und alles nur im Slip!

»Fleisch, Fleisch und nochmals Fleisch«, sagt Elfie verächtlich, »eine regelrechte Girlcam-Show!«

Wenn Rosi mal nicht online ist, steht ein Festbild auf ihrer Homepage: Rosi mit unergründlichem Mona-Lisa-Lächeln, natürlich oben ohne.

»Und dabei hat sie einen so süßen roten Pulli!« sagt Elfie, die für Rosis Blößenwahn kein Verständnis aufbringt.

Elfie ihrerseits sieht für ihr Alter auch nicht schlecht aus.

Trotzdem, sagt sie, wird sie ihre Homepage ganz, ganz anders aufziehen, irgendwie anspruchsvoller. Nächste Woche, sagt sie, kauft sie mir eine Webcam, die Bedienung ist kinderleicht, und dann darf ich sie filmen, so oft ich will oder muß. Wie sie ein gutes Buch liest, Goethe zum Beispiel oder Shakespeare. Elfie als Leseratte, voll konzentriert. Wie sie eine CD auflegt mit ernster Musik – Bach, Schönberg oder Stockhausen. Wie sie Tagebuch schreibt. Wie sie Gedichte liest von Durs Grünbein. Wie sie Gedichte und Poeme selbst ersinnt und eigenhändig niederschreibt.

Aber natürlich nicht im Slip!

Ihr schwebt ein elitärer Denkersalon vor. Sie wünscht sich, daß hin und wieder ein paar deutsche Promiprofessoren rumkämen zum philosophischen Small talk – Professor Baring oder Habermas und Sloterdijk. Und sie hofft, daß die Welt sich einlinkt und sieht, was für ungeheuer wichtige Leute bei uns ein- und ausgehen. Deutsche Geistesgrößen auf Elfies Homepage im hermeneutischen Diskurs über die Kritik der zynischen Vernunft oder die Rätsel der Globalisierung!

Aber nicht im Slip!

Auch der Bundeskanzler und der Wirtschaftsminister sind herzlich willkommen zum Klubgespräch über das seltsame Phänomen, daß Fusionen von Banken oder Autofirmen klappen wie das Brezelbacken. Auch die drei Tenöre haben sich erfolgreich zusammengeschlossen! Bloß eine Fusion hat nicht geklappt – die deutsche Einheit, der Zusammenschluß von Ost- und Westdeutschland.

Auch der Kanzler und sein Wirtschaftsminister werden nicht im Slip auftreten und erst recht nicht im Schutze ihrer Nadelstreifen. Sondern splitternackt! Wegen der Glaubwürdigkeit! Auf Elfies Homepage geht es um die nackte Wahrheit.

Junge Talente

Kleine Kinder – kleine Sorgen, große Kinder – maximale Sorgen. Wer wünschte sich nicht aus tiefstem Herzensgrund, daß seine Kinder es einmal weit bringen im Leben.

Erstaunlicherweise geht dieser Wunsch ziemlich oft in Erfüllung, vorausgesetzt, man gibt sich damit zufrieden, daß aus der Tochter eine berühmte Sexy Queen wird oder auch nur – oder immerhin! – Miß Mecklenburg-Vorpommern und aus dem Sohn ein international gefragter Pornodarsteller.

Meine Frau Elfie hatte insgeheim gehofft, daß unser Patrick mit Glanz und Gloria aufsteigt zum Vertreter, aber natürlich nicht zum Staubsaugerrepräsentanten! Sie sah ihren Sohn schon als Volksvertreter im Scheinwerferlicht eines deutschen Parlaments, auf den Lippen Zungenbrecher wie Bruttoinlandsprodukt, politische Willensbildung und Suspi ..., nee, Bupsi ..., nee – Suspidiarität.

Ich fand den Posten auch nicht schlecht; denn von allen Vertretern sind mir die Volksvertreter die liebsten, weil sie sich auf Haustürgeschäfte gar nicht erst einlassen. Wenn da nur nicht die Unwägbarkeiten des demokratischen Wahlkampfs wären: Ein falsches Wort in der Fraktion, und man findet sich in der Landesliste ganz unten wieder auf Platz neunhundertneunundneunzig.

Mir schwebte für Patrick eher eine Beamtenkarriere vor. Im Gegensatz zum kleinen Angestellten empfängt der Beamte sein Gehalt nicht erst am Monatsende, sondern bereits am Monatsanfang, lange vor getaner Arbeit. Schon bloße körperliche Anwesenheit im Amt gilt als selbstloser Dienst am Volke, und alle zwei Jahre erhöht sich – gleichsam automatisch – die Besoldungsstufe, ganz egal, ob der Beamte einen Finger gerührt hat oder zwei.

Doch meine Elfie hatte starke Bedenken.

Unser Patrick, sagte sie, sei wahrscheinlich »unzureichend strukturiert« für einen »so knochenharten Job«. Der Beamte steht, wenn er nicht gerade sitzt, lebenslang im Kampf um den noch größeren Schreibtisch, um den noch voluminöseren Chefsessel, um den Teppich mit noch extremerer Florhöhe, stets begierig, eine noch höhere Stufe seiner Inkompetenz zu erklimmen und sich zu schmücken mit Titeln wie Leitender Landeshauptdezernent oder Ministerialdirigent. Da ist es schon nicht verkehrt, wenn der Kandidat eine Anlage zum Charakterschwein mitbringt und den rektalen Zugang zum Boss nicht scheut.

Wir hätten uns diese weit in die Zukunft reichenden, tiefschürfenden Gedanken aber gar nicht machen müssen; Patrick lebt, seit er als Firmengründer in der Großstadt mit seiner Ticketeria gescheitert ist, als Aussteiger auf einem Biobauernhof und hütet ungarische Mangalitza-Schweine in deutschen Eichenhainen.

Als wir es erfuhren, heulte Elfie sich ein paar Tage lang aus, doch mit humoristischen Mitteln schaffte ich es, ihre Tränen zu trocknen. Auch bei der Berufswahl, sagte ich, gehe – streng nach Murphys Gesetz – alles schief, was nur schiefgehen könne. »Der eine will unbedingt Geigerzähler werden beim Gewandhausorchester, wird aber bloß Anrufbeantworter bei der Telekom. Der nächste wäre gern Tortenheber bei Kaiser's Kaffee, wird aber bloß Wagenheber bei Mercedes-Benz oder Handtuchhalter im Hilton-Hotel. Der dritte möchte für sein Leben gern Korkenzieher sein bei Harald Juhnke, wo aber landet er? Als Federhalter bei Günter Grass!

Unsere Tochter Swaantje hatte zwar in der Schule immer gut aufgepaßt, alle elterlichen Warnungen und Empfehlungen aber schlug sie leichtfertig in den Wind und entschied sich für ein Studium der digitalen Soziorabulistik. Und als ein deutsches Nachrichtenmagazin enthüllte, fünfundachtzig Prozent aller Psychologen in Deutschland seien arbeitslos, sie seien geradezu die Crème der deutschen Arbeitslosen, wechselte sie solidarisch zur Psychologie.

Dieser fatale Hang zur brotlosen Kunst machte sie ungeheuer attraktiv in der bunten Welt der brotlosen Künstler.

Zunächst brachte sie den Sigurd an, einen höchst originellen jungen Dichter. »Ich bin der Sigurd«, sagte er, »aber ihr könnt mich ruhig duzen.«

Verdutzt kuckten wir uns gegenseitig an, bis unsere Swaantje uns darüber aufklärte, daß es sich um ein raffiniertes künstlerisches Wortspiel handele. Sigurd, sagte sie stolz, sei ein Pop-Literat aus dem Underground, seine künstlerische Heimat sei die Subkultur, er sei Vertreter der subjektlosen Ästhetik und habe soeben ein Buch vollendet, das so irre unangepaßt und subversiv sei, daß kein deutscher Verleger es wage, diesen literarischen Molotow-Cocktail herauszugeben.

»Es handelt«, sagte sie, »von einem ungleichen Zwillingspaar: Dominic ist gesund, Thomas dagegen ist schizophren und hackt sich auf dem Marktplatz von Jüterbog in aller Öffentlichkeit die linke Hand ab, um auf diese ganz persönliche Weise seinen Abscheu gegen den Krieg nonverbal zu artikulieren.

Wir versuchten, uns an den Sigurd zu gewöhnen. Das ging natürlich nicht von heute auf morgen, und bevor es uns gelang, war Sigurds Liebe schon wieder erkaltet. Von einem Tag auf den anderen hatte der Sigurd plötzlich keine Zeit mehr. Für ihn, sagte er, sei es allerhöchste Eisenbahn, seine Memoiren zu schreiben. Zum Abschied versprach er uns, daß darin auch für uns beide zwei Rollen reserviert wären – großes Ehrenwort.

Damit war der Weg frei für Richie und Friedo.

Richie präsentierte sich als dezent krawattierter junger Mann von angenehmen Umgangsformen. Friedo war ein unrasierter, relativ junger Wilder von knapp über vierzig.

Wochenlang wußten wir nicht recht, wem von beiden das Herz unserer Swaantje gehören mochte, schlossen aber vorsorglich nicht aus, daß es im neuen Jahrtausend bei jungen Frauen voll toll geworden sein könnte, Zuneigung auf zwei, drei junge Herren gerecht zu verteilen, halbiert oder gedrittelt, je nachdem.

Friedo war ein kompromißloser Theatermacher. »Er strebt kompromißlos über Castorf hinaus!« schwärmte unsere Swaantje.

Richie verstand sich mehr als Projektkünstler und hatte zum Tag des Mauerfalls in der Westberliner Joachim-Gauck-Oberschule ein vielbeachtetes Wende-Revival realisiert.

»Stellen Sie sich eine Mauer aus Umzugskartons vor«, sagte er. »Sie ist zwei Meter hoch, einen halben Meter breit und zieht sich quer über den Schulhof.« Mit Mützen der Nationalen Volksarmee bekleidete und Holzgewehren bewaffnete kleine Grenzsoldaten sorgten für den zuverlässigen Schutz dieser Nachbildung des antifaschistischen Schutzwalls. Um von der freiheitlich-demokratischen Seite in den totalitären Sektor zu gelangen, mußten die Schülerinnen und Schüler, die eine Hand in der Hosentasche zur Faust geballt, mit der anderen zähneknirschend den Schülerausweis vorzeigend, einen nachgestalteten Grenzübergang passieren. Schließlich hängte Richie dem Schulvolk grüne Schärpen um und ließ mit dem Ruf »Keine Gewalt!« die Mauer aus Umzugskartons niederreißen.

»Dafür hat's einen dicken Batzen Förderkohle gegeben«,

triumphierte Richie, mehr als das Geld aber bedeute ihm, daß die Presse das Event so erstaunlich positiv besprochen habe.

Friedo verzog bei diesen Selbstgefälligkeiten schmerzlich das Gesicht, Laienspiel war seine Sache nicht. Er hatte einen anspruchsvollen Lessing adaptiert, aktualisiert und inszeniert, und zwar ›Emilia Sarotti‹, übrigens auf Anregung einer namhaften Schokofirma.

»Das ist ganz spannend«, sagte er, vorher aber müßten wir unbedingt in eine Vorstellung seiner allerneuesten Produktion ›Furzen & Ficken‹ kommen. »Zwei Ehrenkarten sind schon zurückgelegt!«

»Oh, das wird euch gefallen«, sagte unsere Swaantje. In diesem Augenblick hatten wir stark den Eindruck, daß ihr Herz wohl doch mehr zu Friedo tendiere. Das Stück, schwärmte sie, sei kein Stück im herkömmlichen Sinne, es sei mehr ein disharmonisches Ineinanderfließen von Realität und Traum, ein psychedelisches Auflösen der eigenen Identität und darüber hinaus ein Hohelied der Konsumverweigerung, gesponsert vom Kaufhaus World of Sex.

»Genau genommen«, sagte Friedo bescheiden, »ist es nicht viel mehr als die gute, alte Schule des gemütlichen Ekelns mit ein bißchen Blut-und-Gedärme-Glamour, also pseudoratloser Kulturpessimismus.«

So was hatte mich schon lange interessiert.

Auch Elfie betrug sich sehr, sehr tapfer.

Das Stück spielte in einem Striplokal und drehte sich um ein halbes Dutzend Menschen, die ein Wahnsinniger, gespielt von unserm Friedo, in seine Gewalt bringt. Erst plündert er die Kasse, dann erschießt er den Barkeeper, und dann nimmt er die diensthabende Stripperin und alle Gäste als Geiseln. Zwei Stunden lang werden sie direkt an der Rampe nach allen Regeln der Kunst gequält und gedemütigt. Eine zufällig des Wegs kommende lesbische Leichenbalsamiererin zwingt er, den Kopf des ermordeten Barkeepers mit einem knarzenden Fuchsschwanz vom Rumpf abzutrennen. Die Klofrau erledigt er mit dem Bolzenschußgerät und spült sie lachend in den Hades der Kanalisation. Alle Darsteller glitschen lustvoll herum in glitschigen Blutlachen und schleimigem Gekröse. Akustisch gekrönt wird die Darbietung von elektronisch verstärkten atonalen Dickdarmgeräuschen.

Meine Elfie war beeindruckt, und zwar so stark, daß sie sich rausschlich, beide Hände fest auf den Mund gepreßt. Sie kam aber, als sie sich ein wenig erholt hatte, aus Höflichkeit wieder rein.

»Na«, sagte unsere Swaantje, »wie war's?«

»Oh!« machte Elfie.

Ich räusperte mich ausführlich.

»Mark hat es auch nicht gefallen«, sagte Swaantje verliebt und stellte uns Mark vor.

»Mark ist Engländer«, sagte sie.

»Hello!« sagte Mark.

»Mir gefällt es übrigens auch nicht mehr«, sagte sie. »So eine gequirlte Scheiße würdest du niemals machen, nicht wahr, Mark?«

»Never!« bekräftigte Mark.

»Mark dreht nämlich grade einen Film, nicht wahr, Mark?«

Der Film heißt ›Das nackte Grauen‹, und Mark erzählte uns schon mal kurz den Plot: Einem bisexuellen Tankwart wird eine fleischig-vaginale Gummiplastik in den zarten Pastellfarben der Verwesung über eine künstliche Körperöffnung, den sogenannten Bioport, direkt ins Rückenmark eingestöpselt ...

Mehr soll an dieser Stelle noch nicht verraten werden. Mehr wissen wir auch noch gar nicht. Sogar Mark selbst weiß noch nicht mehr.

Wir sind aber alle schon sehr gespannt.

Alles gesund im Krankenhaus

Gesundheit ist das zweithöchste Gut, und zwar gleich nach einer überraschenden, an ein Wunder grenzenden, dreistelligen Millionen-Erbschaft. Und sie wird immer seltener, weil die medizinische Diagnostik inzwischen so enorme Fortschritte gemacht hat, daß es streng genommen überhaupt keinen gesunden Menschen mehr gibt.

In unserer Jugend aber strotzten wir alle nur so vor Gesundheit, besonders Quaschnick, der eine unverschämte Rotwangigkeit abstrahlte. Bei einer Reihenuntersuchung attestierte ihm der Doktor, der jeden Spaß mitmachte, sogar eine geradezu ansteckende Gesundheit.

Nie hat sich einer über unsere erstklassige körperliche Verfassung gewundert. Darüber mußte sich auch keiner wundern; denn Deutschland hat das beste Gesundheitssystem der Welt. Hierzulande sind alle nur denkbaren Krankheiten auf dem Rückzug, fast könnte man sagen, auf der Flucht. Ein Unternehmer braucht bloß anzukündigen, er werde demnächst zehntausend Mitarbeiter entlassen, schon schnellt der Gesundheits-Dax nach oben, und der Krankenstand sinkt im freien Fall unter Null.

Für den Doktor ist das allerdings kein Grund zur Freude; völlig gesunde Patienten sind, fürchte ich, das letzte, was geschäftlich ehrgeizige Ärzte ersehnen. Daß sie bei dieser Lage der Dinge nicht in die Erwerbslosigkeit abstürzen, sondern immer noch reichlich Grützbeutel, Leistenbrüche und Zirrhosen behandeln dürfen, verdanken sie allein der überbordenden Flut von Gesundheitslexika, Aufklärungsschriften, Anleitungen zur SB-Operation, Vorbeugungs- und Nachsorge-Broschüren, deren Wahnsinns-Auflagen die schöngeistige Literatur ebenso wie das nichtmedizinische Sachbuch aus deutschen Bücherschränken restlos verdrängt haben.

Aber Gesundheit, wie gesagt, war damals in unserer Jugend für uns überhaupt kein Thema.

Gesundheit, die hatte man einfach.

In meinem Freundeskreis war Quaschnick der mit Abstand Gesündeste. Und er sah blendend aus. Sein anmutig gewelltes Haupthaar war sein ganzer Stolz. Speziell auf die Locken führte er seinen Wahnsinnserfolg beim weiblichen Geschlecht zurück.

»Ich könnte Weiber haben wie Sand am Meer«, sagte er gern, »wenn sie nur wollten.«

Aber, ach, mit den Jahren lichtete sich sein Scheitel! Sein goldenes Haar hatte er immer solide nach achtern gekämmt, doch als die Geheimratsecken sich einstellten, kämmte er es entweder halbschräg nach vorn rechts oder halbschräg nach vorn links, entschied sich schließlich aber dafür, die kläglichen Reste über der Stirn kompakt zusammenzuballen.

Er ließ sich das Haar nach Art der Skinheads schneiden, aber nicht mit politischen Hintergedanken, sondern in der Hoffnung, die Kahlstellen mit neuem Leben zu erfüllen. Der erhoffte Effekt blieb aus, darum ließ er alles wieder wachsen, wie es wollte. Er sagte sich: Je länger das Haar, desto mehr freie Stellen kannst du flächendeckend überkämmen.

Durch Anwendung von Birkenhaarwässern und Heilshampoos versuchte er das Unheil zu stoppen. In der Tat stärken solche Mittel die Zuversicht, bis heute jedoch ist kein Fall bekannt geworden, daß heimliche Wünsche wahr geworden wären ...

Auch ich bin übrigens mit einer ansehnlichen Glatze gesegnet, deshalb war ich für Quaschnick lange Zeit eine Vertrauensperson. Im Gegensatz zu ihm aber hatte ich mir diesen Mangel nie zu Herzen genommen. Meine Chancen bei Frauen waren nie besser als heute. »Ein Mann is'n Mann«, sagt meine Tante Minna immer, »und wenn er im Bett sitzt und hustet.«

Dennoch, als Pluspunkt im Lebenslauf würde ich die Verglatzung des männlichen Hauptes nicht direkt bezeichnen. Sobald in der herbstlichen Botanik die Blätter fallen, packt einen der Neid. Warum, o Gott, fragt man den HERRN, warum nur hast du deine Gaben so ungleich verteilt?

Daß die Haare im November ausfallen, wäre für mich kein Grund zur Beunruhigung, wenn ich nur sicher sein könnte, daß sie im Mai alle wieder dran sind.

Aber, wie gesagt, im Prinzip war ich drüber weg und versuchte Freund Quaschnick auf meine Art zu trösten. Eine hohe Stirn, sagte ich, sei keine Krankheit, ganz im Gegenteil, Glatze sei männlich, Glatze sei sexy, ein schönes Gesicht braucht viel Platz, Quaschnick!

Entweder war es Verzweiflung oder es war Wissensdurst, daß er eines Tages den »Ratgeber Gesundheit« kaufte. Dieses Standardwerk der Leiden war nicht billig und mehr als dreihundert Seiten stark. Unverzüglich schlug Freund Quaschnick nach auf Seite 173: Haarausfall. Kaum hatte er das Glatzenkapitel durchgearbeitet, stellte sich bei ihm ein unerträglicher Kopfschmerz ein. Mit Hilfe des Gesundheitslexikons identifizierte er sein Leiden fachmännisch als digitale Hirnhautentzündung. »Digitale Hirnhautentzündung«, rief er, »die Geißel der Menschheit!«

Aber nun mal was Grundsätzliches!

Ein Mann mit Gesundheitslexikon ist, kurz gesagt, ein ganz anderer Mann als ein Mann ohne Gesundheitslexikon.

Du fängst an, dir Gedanken zu machen, lange vor dem Einschlafen und schon wieder kurz nach dem Aufwachen. Du träumst schlecht. Warum, fragst du dich, bin ich morgens immer so müde?

Warum bin ich abends immer so durstig?

Beim Rasieren fiel Quaschnick eine leichte Rötung seiner Nase auf.

Er schlug nach unter Röteln.

Diese vermeintlichen Röteln verliefen so harmlos, daß er nicht sicher sein konnte, ob er sie wirklich hatte oder doch eher nicht. Diese Ungewißheit kränkte ihn wie ein gebrochenes Versprechen, und er schlug nach unter Scharlach.

Aber mit Scharlach ging es ihm nicht besser.

Quaschnick war enttäuscht.

Deutete die Nasenrötung vielleicht auf etwas ganz anderes hin? Auf einen Leberschaden vielleicht? Er riß sich das Hemd aus der Hose und zeigte mir südwestlich des Nabels einen bescheidenen Leberfleck.

Sein Leben hatte sich von Grund auf geändert. Bis dahin hatte er es stets abgelehnt, hypochondrisch verbohrt in sich hinein zu lauschen, das Gesundheitslexikon aber sensibilisierte ihn gleichsam über Nacht für die vielfältigen Gebrechen, die nicht nur den Körper, sondern auch den Geist des Menschen rund um die Uhr bedrohen.

Er war immer so gern ins Kino gegangen, jetzt ging er lieber zum Arzt. Das Warten machte ihm nichts aus, im Gegenteil, das Wartezimmer wurde sein liebster Aufenthalt. Stundenlang tauschte er mit Gleichgesinnten Symptome aus.

Sein Hausarzt Dr. Frühauf allerdings machte sich schon bald bei ihm unbeliebt; denn er war ein Zauderer und konnte sich zu keinem Befund durchringen. Obwohl er doch die freie Auswahl hatte; allein schon Quaschnicks Gesundheitslexikon stellte ihm mehr als vierhundert grauenhafte Gebrechen zur Verfügung. Fehlte Dr. Frühauf die medizinische Kompetenz oder nur der gute Wille?

Quaschnick wechselte den Arzt.

Er wechselte die Ärzte wie die Hemden und wurde immer wieder enttäuscht. Dr. Felsberg nahm seine Prostata nicht ernst. »Ach, die gute, alte Prostata«, scherzte er, »die Achillesferse der reiferen Jugend!«

Die Verkehrspolizei bestrafte Quaschnick, weil er mit seinem Auto eine Kreuzung im Schein der roten Ampel überquert hatte. Aber dieser ignorante Dr. Felsberg war nicht bereit, ihm Rot-Grün-Blindheit zu bescheinigen und überließ seinen Patienten schutzlos der Willkür des Polizeistaats.

Quaschnick kriegte Pickel vor Ärger.

Er fiel sozusagen von einem Ekzem ins andere.

Doch auch Hautarzt Dr. Bärwolf verschrieb ihm bloß eine billige, nicht mal rezeptpflichtige Tagescreme und empfahl ihm die Steigerung seiner sexuellen Aktivität.

Daraufhin streikte sein Blinddarm.

Dr. Steinert nahm ihn raus.

Seitdem quält Quaschnick genau an dieser Stelle ein furchtbarer Phantomschmerz!

Und es ist ja nur ein Schmerz von vielen.

Je mehr Leiden ihn heimsuchen, desto mehr muß er lesen. Und je mehr er liest, desto mehr Leiden suchen ihn heim, darunter ein Schiefhals im zweiten Stadium, ein Schulter-Arm-Syndrom, ein fieberhafter Schluckauf, akute Übelkeit und chronisches Unwohlsein, Kastrationsängste, Blähungen und natürlich eine Wanderniere.

Besserung ist nicht in Sicht.

Quaschnicks Familie will und kann all das nicht mehr hören. Ich bin der einzige, mit dem er noch spricht über seine widerstreitenden Gefühle, von dieser aufsteigenden Hitze, von seiner Brustdrüsenentzündung ...

Ob ihr's glaubt oder nicht – er hat sein erstes Frauenleiden!

»Quaschnick«, sage ich, »nun mach aber mal 'n Punkt!«

Haßerfüllt blickt er mich an und outet sich als Feminist und Frauenfreund. Solche Typen wie mich, sagt er, die hat er genascht!

Er nennt mich einen Macho.

Einen ganz üblen Schweinemacho!

Und genau so hat er den Frauenarzt genannt, der ihn gestern achtkantig rausgeschmissen hat.

Quaschnicks Annette

Als Fußgänger ist man Freiwild! Man kann von einem Auto erfaßt werden oder von einem Radfahrer oder von einem guten Bekannten.

»Hallo! Hallöchen!« jubelt es auf der anderen Seite der Straße.

Ach, du Scheiße: Quaschnick! Mit Frau und Tochter.

Er ist noch klappriger geworden. Seine Gemahlin aber hat mächtig ausgelegt. Die, denke ich, könnte sich ruhig mal ein paar Wochen auf Halb-Mast setzen. Und die Tochter, die Süße, kommt ganz nach der Mutter.

»Welche Freude!« jubelt Frau Quaschnick.

»Ganz meinerseits«, lüge ich. Kleine Lügen erhalten die Freundschaft.

»Wenn's nach mir geht«, murmelt Quaschnick, »verziehen wir uns in die nächste, beste Kneipe.«

Es geht nicht nach ihm.

Es ist noch nie nach ihm gegangen.

Frau Quaschnick steuert ein elegantes Café an. Da sitzen wir nun wie die Schießbudenfiguren auf diesen zierlichen Caféhaus-Stühlchen Marke IKEA-Rockockocko. Die Sitzfläche eines solchen Stuhls ist mehrere Größen zu klein für Frau Quaschnicks riesige Sitzfläche. Wir lächeln um die Wette, und ich denke bei mir, vielleicht sollte ich doch mal irgendwas sagen, am besten was total Bescheuertes.

»Eure Süße«, sage ich, »die ist aber ganz schön gewachsen.«

»Leider an den falschen Stellen«, sagt Frau Quaschnick.

»Och«, sage ich, »das verliert sich beim ersten Liebeskummer.«

Die Süße schlägt die Augen nieder.

Ich merke schon, bei Quaschnicks wird gekämpft, und zwar um die Model-Eckdaten neunzig-sechzig-neunzig. Das schöne, junge Mädchen von heute soll ja aussehen wie ein halbverhungerter Knabe mit Titten.

»Wir haben es mit Gutzureden versucht«, klagt Frau Quaschnick, »mit Harry-Wijnford-Diät, mit Appetitzüglern – nichts! Ich bin ihr mit gutem Beispiel vorangegangen ...«

»Das dumme ist bloß«, sagt Quaschnick, »du hast in zwei Jahren insgesamt neunhundertneunundneunzig Kilo abgenommen, Griseldis, und insgesamt tausend Kilo wieder zugenommen!«

Dieser Geheimnisverrat bringt ihm prompt den ersten bösen Blick ein.

»Wer abnehmen möchte«, sage ich, »der sollte einfach das Hauptgericht weglassen und statt der Vorspeise kein Dessert nehmen.«

Quaschnick, der seine besten Jahre bei der Nationalen Volksarmee verschleudert hat, erinnert daran, daß verfettete Offiziere in ein spezielles Kurheim abkommandiert wurden. Hier, sagt er, hätte es nichts als verschärfte Reduktionskost gegeben, die in der ›Woche der niedrigsten Kalorien‹ nochmals stark reduziert worden wäre. »Und dann«, kräht er, »mußten alle eine Verpflichtung unterschreiben: Wir geben mehr Brot zurück, als serviert worden ist!«

»Ich halte überhaupt nichts von Kalorien«, erklärt Frau Quaschnick.

»Wenn die Diät nicht funktioniert«, sagt Quaschnick, »ist es das beste, man läßt sich ersatzweise mit einem Elefanten fotografieren.«

Frau Quaschnick lehnt es ab, diese unernste Diskussion mitzumachen. Sie denkt an ihre Tochter. »Benutz die Treppe, Mädel, sag ich immer, nicht den Aufzug! Aber so was ist in den Wind gesprochen. Und jetzt haben wir den Salat, in die Disco traut sie sich schon gar nicht mehr rein!«

»Kinder«, sagt die Süße, »können so grausam sein ...«

»Selbstverständlich«, erklärt Frau Quaschnick, »haben wir einen wissenschaftlich begründeten Ernährungsplan aufgestellt, ein Kalorienoptimierungsprogramm nach Professor Gräfe-Quakenbrück. Unsere Annette erhält pro Tag genau eintausend Kalorien!«

»Besser als gar nichts«, sage ich.

»Eine Kilokalorie«, erläutert die Süße, »ist jene Kalorienmenge, die nötig ist, einen Liter Wasser von vierzehn Komma fünf auf fünfzehn Komma fünf Grad Celsius zu erhitzen.«

Ihre Wangen glühen vor Stolz.

Frau Quaschnick bestellt ein Stück Schwarzwälderkirschmokkasahnetorte. Quaschnick und mir gewährt sie einen doppelten Doppelkorn.

Und zwar jedem einen.

Die Süße erhält ein Glas Selters mit zwei S.

»Ein Glas Selters«, so Frau Quaschnick, »ist i-de-al! Weil es null Kalorien enthält. Gurken sind auch verhältnismäßig ideal, aber doch nicht ganz so ideal wie Selters. Hundert Gramm Gurken beinhalten acht Kilokalorien.«

»Eure Süße könnte also, Moment mal, tausend geteilt durch acht ist gleich ...«

»Hundertfünfundzwanzig!« ruft die Süße, wie aus der Pistole geschossen.

»Hundertfünfundzwanzig Kalorien«, sage ich, »multipliziert mit hundert Gramm macht genau fünfundzwanzig Pfund. Du darfst also jeden Tag einen Viertelzentner grüne Gurken verputzen.«

»Genau«, sagt Quaschnick.

Schmerzlich lächelt die Süße.

In diesem Augenblick serviert die Kellnerin einen gewaltigen Schwarzwälderkirschmokkasahnetortensektor.

Quaschnick erhebt sein Glas in meine Richtung.

»Prost, Erwin!« sag ich.

»Mann, Emmes«, sagt er und fängt an zu schwärmen, »weißt du noch – damals ...«

»Damals«, sagt Frau Quaschnick, »damals hatten wir ja nur eine ganz einfache Briefwaage. Heute dagegen wägen wir alles mit einer Diätwaage. Aber das meiste kann man sich zum Glück ganz leicht merken. Nehmen wir das Frühstück: ein Ei gleich siebenundachtzig Kalorien, zwanzig Gramm feine Leberwurst gleich zweiundvierzig Kalorien ...«

Inzwischen hat Frau Quaschnick ihre Schwarzwälder Kalorienbombe restlos versenkt.

»Und wenn eure Süße mal eine Ansichtskarte verschickt«, frage ich besorgt, »wenn sie spontan die Briefmarke anleckt, was dann?«

»Macht gar nichts«, erklärt Frau Quaschnick. »Der Kleber auf der Markenrückseite enthält nicht mehr als eine Zehntelkalorie!«

»Und was ist mit Naschen?«

»Naschen verboten!«

»Um eine einzige Tafel Vollmilchschokolade abzubauen«, sagt die Süße, »müßte ich sechzig Kilometer mit dem Rennrad fahren oder zwei Kilometer in zwanzig Minuten schwimmen oder fünf Stunden joggen ...«

»Mann, Mädel«, sag ich und schaue ihr ganz tief auf die Hüften. »Wieviel hast du denn bis heute abgenommen?«

Die Süße schlägt die Augen nieder.

»Hast du denn überhaupt abgenommen oder vielleicht sogar zu?«

Ein langes, ungutes Schweigen.

Frau Quaschnick hat den Blick nach innen gerichtet.

Auch mir fällt nichts mehr ein, was die Stimmung anheizen könnte.

»Du, äh, hör mal, Emmes, äh, es ist nicht, wie du denkst«, stammelt Quaschnick, »gelohnt hat sich die Diät durchaus ...«

»Die Diät ist sogar ein ganz, ganz toller Erfolg«, sagt Frau Quaschnick. »Die ganze Klasse ist stolz auf unsere Annette.«

Dies bekräftigt die Süße durch lebhaftes Nicken.

»Und weißt du, warum?« fragt Quaschnick. »Weißt du, warum?«

»Warum?«

»Seit sie ihre Diät macht, ist unsere Süße die Beste im Rechnen!«

»In Mathematik«, korrigiert Frau Quaschnick. »In Mathematik!«

Der Mittelpunkt der Erde

Besonders groß ist unsre kleine Ortschaft nicht, sagen wir, eine Zwischengröße. Sie ist allerdings von der nächsten, besten Großstadt nicht weit entfernt, und das bringt eine gewisse Unsicherheit mit sich. In jedem Dorf grüßen die Leute einander, weil sie sich kennen. In Großstädten dagegen grüßen die Leute sich gegenseitig nicht, weil sie sich nicht kennen und weil sie sonst aus dem Grüßen gar nicht wieder rauskämen. Bei uns grüßen sich die Leute auch dann nicht, wenn sie sich kennen, auf diese Weise lassen sie unauffällig den potentiellen Großstädter raushängen.

Immerhin haben wir, was andere schon lange nicht mehr haben – einen Bahnhof, den man aber nicht als Haltepunkt bezeichnen darf, jedenfalls am Stammtisch nicht, sonst ist gleich 'ne Lage fällig. Denn außer Gleis eins ist noch ein zweites Gleis vorhanden: Gleis zwei.

Fredi, der Fahrdienstleiter, hämmert uns immer wieder ein, was einen Bahnhof von einem Haltepunkt unterscheidet: Ein Bahnhof, sagt Fredi, ist eine Bahnanlage mit mindestens einer Weiche, wo Züge beginnen, enden, kreuzen, überholen oder mit Gleiswechsel wenden dürfen, soviel zu deiner persönlichen Information. Fahrdienstleiter Fredi darf man allerdings nicht Fahrdienstleiter nennen, auch nicht Bahnhofsvorsteher, wenn schon Titel, dann bitte Reiseverkehrsaufsicht, sonst wären wir schon gleich bei der zweiten Lage.

Unsere bescheidene, kleine Kneipe heißt Mittelpunkt der Erde, und der Wirt heißt für seine Freunde Siegi. Zwar ist seine Kaffeemaschine öfter mal kaputt, dann geht Siegi ganz unsentimental über zum Einzeltassenbrühverfahren.

Kaffee wird, ehrlich gesagt, nicht allzu oft verlangt.

Der Bierhahn aber, der hat bei uns das Laufen gelernt.

Wenn sich in den Mittelpunkt einer dieser sagenhaft schnellen Berliner verirrt, der schon nach einer halben Stunde anfängt zu fragen, ob der Bockwurst, die er bestellt hat, in der Küche vielleicht irgendwas zugestoßen sei, flüstert Siegi ihm mitfühlend zu: »Pardon, mein Herr, ich konnte ja nicht ahnen, daß Sie auf der Flucht sind.« Und Siegi muß natürlich mit Zimmerlautstärke flüstern, klar. Anweisung vom Stammtisch.

Schwül ist es im Mittelpunkt.

Immer noch.

Das Gewitter hat sich verzogen, ein mordsmäßiges Sommergewitter, alles was recht ist. Die Fenster stehen weit offen, und der süße Duft der Lindenblüten kommt von draußen rein.

»Junge, Junge«, stöhnt Siegi hinter der Theke und wischt sich alle drei Minuten den Schweiß von der Stirn.

Fast alle sind schon eingetrudelt, sogar Erwin. Erwin arbeitet bei Auto-Henrich als Verkäufer. Ob weiblich oder männlich, beim Autokauf zu Henrich!

»Du, Erwin«, sagt Udo, »mein Auto hat 'ne Macke, da läuft Öl aus und Wasser auch.«

»Muß ja«, sagt Erwin, »weil es ein Auslaufmodell ist.«

Udo ist Bauklempner, hat aber im Moment zufällig keine Stelle. »Ich laß mein Geld für mich arbeiten«, sagt er, »auf der Bank.«

»Bei der Bank«, sagt Heinz, »da sitzen die Allerschlimmsten; die arbeiten mit deinem Spargeld, und dann verlangen sie noch Gebühren.« Heinz ist Jungrentner. Vor vierzehn Tagen erst ist er ins Rentenalter eingetreten, aber in alter

Frische, seine Enkel haben sogar was durchsagen lassen im Radio.

Wo bleibt Fredi?

Ob was passiert ist?

Quatsch! Was soll denn passiert sein!

Seit wann passiert denn bei uns was?

Darin besteht ja gerade das Problem. In weit kleineren Nestern schlagen Meteoriten ein und zertrümmern die frisch geputzten Scheiben eines Gewächshauses.

Oder das Spritzenhaus wird mit Graffiti vollgesprüht.

Oder es kommt zu Hakenkreuzschmierereien.

Ständig passiert was.

Aber immer bei den andern, immer woanders, manchmal keine drei Kilometer entfernt vom Mittelpunkt der Erde.

Es ist nichts los. Auch die Jugend klagt. Keiner kann sie trösten mit dem Hinweis auf unsere erdgeschichtlich bewegte Vergangenheit, von der die steinernen Zeugen künden, die in der Feldmark rumliegen, unsere eiszeitlichen Findlinge.

Was ist mit Fredi?

Der letzte Zug ist lange durch. Zur Überbrückung schiebe ich die Story von Roxana ein, der Nichte meines Schwagers Rudi in Flecken Zechlin. Roxana, die darf nicht Frisösin lernen oder Frisöse, wie man auch sagen kann, da geht einfach kein Weg rein, dafür, haben sie gesagt, sind ihre Zensuren einfach zu mies, Vier plus in Mathematik, infolgedessen soll sie lieber Bankkauffrau lernen.

»Quatsch!« Erwin läßt die Zeitung neben sein Bierglas sinken. Die andern sehen mich mißtrauisch an, wie einen Lügenbaron. An diesem Stammtisch kann man erzählen, was man will, immer heißt es gleich: »Quatsch!«

»Hört mal zu«, sagt Erwin, »was in der Zeitung wieder für ein Quatsch steht!« Gauner, liest er vor, seien – irgendwo in Texas – eingebrochen in die Wohnung einer reichen, alten

Dame, die um Hilfe gerufen habe, genau das aber sei ihr Fehler gewesen! Denn bei dieser Gelegenheit hätten die Gangster ihre Goldzähne entdeckt und wären sofort mit dem Gebiß durchgebrannt.

Heinz nickt. Er kennt die Meldung schon; in seiner Zeitung steht sie auch.

Siegi sagt: »Das kommt davon, wenn man das Maul zu weit aufreißt!«

Es passieren schon dolle Sachen.

Udo hat einen Großonkel mütterlicherseits, und kriegt der nicht neulich eine Ansichtskarte, die war vierzig Jahre unterwegs vom Absender zum Empfänger, vierzig geschlagene Jahre von Zehdenick nach Gransee! Und auf der Karte stand, »ihr lacht euch kaputt, Leute«: Lieber Paul, brauchst Dir nicht so beeilen, wir erwarten Dir nächsten Sonntag sowieso.

»Die Lakritze ...«, ruft Siegi von der Theke aus, doch die sich erneut anbahnende Lakritzdebatte wird sofort abgewürgt. Die Lakritze ist ausdiskutiert. Lakritze, so hat die Mehrheit entschieden, wird aus Ochsenblut hergestellt und nicht aus Süßholzextrakt, wie Siegi uns einreden will.

In diesem Augenblick kreuzt Fredi auf.

»Durscht!« ächzt er mit letzter Kraft. »Durscht wird durch Bier erst schön!«

Fredi, leichenblaß, verschwitzt, die blaue Uniformjacke offen wie ein Scheunentor, klopft zum Gruße kurz auf die Tischplatte und plumpst tief ausatmend auf seinen Stammplatz. Hier sitzen die, die immer hier sitzen.

Je schöner der Abend, desto später die Gäste.

»Mann, Fredi«, schwärmt Heinz, »du siehst ja blendend aus, bist du krankgeschrieben?«

Siegi plaziert den fälligen halben Liter, und dann zischt es bloß noch, Geysir ist nischt dagegen.

»Omannomannomann!« Fredi schüttelt wie ein Eisbär den Schädel. »War das ein Stück Arbeit!«

Ist was passiert? Und wenn ja, was?

Also! Der P 16789 ist pünktlich eingefahren, trotz Regen, Blitz und Donner. Extreme Witterungsbedingungen, aber fahrdienstlich alles im grünen Bereich. Fredi steht in seiner Stellwerksbude, die durchnäßte rote Mütze auf dem Haupt, die Kelle in der Hand.

»... nichts Böses ahnend«, sagt Fredi.

Er wirft einen letzten püfenden Blick in Fahrtrichtung und ... Nein! Das gibt's doch nicht! Das kann's doch gar nicht geben!

Im Regenschleier deutlich erkennbar eine grellweiße Scheibe oder Kugel, die sich nähert mit einem Af-fen-zahn. Was ist das? Ein Sonderzug? Unmöglich! Eine Zugmeldung liegt nicht vor. Auf eingleisigen Strecken sind alle Züge generell vorauszumelden. Außerdem ist die Fahrgeschwindigkeit auf hundertvierzig Stundenkilometer begrenzt, und dieser Wahnsinnslokführer hat doch wenigstens zweihundert, dreihundert Sachen drauf, rast direkt zu auf Gleis eins, und auf Gleis eins steht abfahrbereit der P16789!

»In diesem Moment«, haucht Fredi, noch immer zu Tode erschrocken, »in diesem Moment krieg ich erst mal mit, was da angerauscht kommt. Das ist ja gar kein Zug! Das ist ja ein ...«

Knisternde Spannung. Alles hebt sacht ab von den Stühlen.

»Was denn?« Udo ist aufgeregt wie nie. »Was isses denn?«

»Es ist ein ... haltet euch fest! Jungs, ihr kommt nicht drauf!«

»Ja, was denn?« Udo hält die Spannung nicht aus. »Was denn bloß?«

»Ein Ku-gel-blitz!«

»Quatsch!« sagt es aus mir. »Kugelblitze gibt's gar nicht!«

»Ein Ku-gel-blitz!« wiederholt Fredi.

»Kugelblitz ist Aberglaube«, sage ich, »das ist wissenschaftlich erwiesen.«

»Halt die Schnauze!« Erwin läßt mich an seiner Faust schnuppern. Sie riecht nach Friedhof.

»Ein Kugelblitz auf dem Gleis«, sagt Fredi entrüstet, »der überhaupt nicht vorausgemeldet ist.« Und auf Gleis eins steht zur Abfahrt bereit der P16789, voll mit Kindern und schwangeren Frauen.

Nie ist bei uns was Weltbewegendes passiert. Und nun gleich so was!

Die Katastrophe auf Schienen, sagt Fredi atemlos und durchlebt alles noch einmal. Größer und größer, immer größer werdend, grellweißlila, fegt der Kugelblitz auf dem Gleiskörper heran, überfährt mir nichts, dir nichts das Einfahrsignal! Ein verzweifelter Blick in seine Stellwerksbude verrät Fredi, daß die verdammte Einfahrweiche eins noch in Plusstellung steht, auf gut deutsch: Gleich feuert er rein nach Gleis eins, unweigerlich, unaufhaltsam, nichts mehr zu machen, gleich knallt's, gleich bricht alles zusammen.

Der Stammtisch ist fix und fertig.

»Mann, Fredi!« Erwin haut mit der Faust auf den Tisch. »Da kannste doch nicht einfach zukucken!«

»Da mußte doch was machen«, verlangt Heinz.

Und Siegi fragt aus Richtung Theke: »Was hast'n da gemacht, Fredi?«

»Na, was schon, Leute! Tigersprung zur Hebelbank, Einfahrweiche eins rumgerissen und ...«

»Und?« Udo hält sich die Hand vor die Augen.

»... und umgelenkt das Geschoß auf das freie Gleis zwo!«

Alles noch mal gutgegangen.

Applaus für Fredi.

Die Spannung löst sich.

Neue Lage! In Anbetracht der Lage.

»Auf Fredi!«

»Auf den Lebensretter!«

Erwin droht mir mit der Faust. »Letzte Verwarnung!« sagt er. »Du immer mit deiner Scheiß-Wissenschaft!«

In gewissem Sinne hat er recht. Auch wenn es, nur mal angenommen, den tödlichen Kugelblitz vielleicht gar nicht gegeben haben sollte, gilt dennoch: Genauso wie Fredi gehandelt hat, hätte Fredi, wenn nötig, gehandelt.

Jeder von unserm Stammtisch hätte so gehandelt.

Und so gesehen, stimmt alles wieder! Von der Wahrheit mal spaßeshalber abgesehen.

Der Wetter aus Dingsda

Lamborghini, hatte ich lange Zeit angenommen, wäre bloß eine alberne Redensart, klangvoll, ja, durchaus, aber ohne tieferen Sinn. Inzwischen weiß ich, daß es den sagenhaften Lamborghini nicht nur tatsächlich gibt, sondern auch Leute, die ihn fahren wie andere Leute Opel Corsa und dann immer noch genug Geld übrig behalten für den Bau dicker, schicker Villen mit sieben Gästeklos, mit Sauna, Whirlpool und jeden Freitagabend Feuerwerk. Frieling ist einer von diesen Glückspilzen. Er baut auf dem Grundstück nebenan. Ein netter Mensch. Schon vor seinem Einzug bemüht er sich, mir ein vorbildlicher Nachbar zu sein, einer, mit dem man reden kann und reden möchte.

»Na, Leben noch frisch?« kräht er. Oder: »Alles paletti, alles okay?« Er schreckt vor der dümmlichsten Konversation nicht zurück, nur um mir zu zeigen, daß er keiner ist von diesen kontaktschwachen Gutentaggutenwegnachbarn.

Ahnungslos trete ich aus meiner Haustür. Da brüllt er mir auch schon zu: »Na, geht's wieder auf die Rennbahn?«

Man muß kein Sherlock Holmes sein, um auf diese Idee zu kommen; denn mein großer Rennbahn-Feldstecher baumelt mir vom Hals.

»Früher«, ruft er mir zu, »war ich auch manchmal auf dem Rennplatz! In Köln! In Köln-Weidenpesch!«

»Und? Haben Sie gewettet?«

»Um Himmels willen, nee!«

»Pech für Sie! Sie hätten heute schon so arm sein können!«

Im Frühjahr ist es wunderschön in Hoppegarten. Auf der Rennbahn im Grünen. Auch im Sommer läßt es sich aushalten, sofern man es unterläßt, finanzielle Verluste wahrheitsgemäß zu bilanzieren. Es ist der Herbst, der alljährlich den bitteren, unumstößlichen Entschluß bringt: Nie wieder zocken! Nie mehr den Kindern auch nur ein einziges Gummibärchen vom Munde absparen! Daß im Winter wegen Eis- und Schneeglätte keine Galopprennen stattfinden, trifft sich gut. Die Erinnerung an mißglückte Prognosen verblaßt allmählich, der Schmerz läßt nach, erste Sparerfolge stellen sich ein und mit ihnen ein verlockender, lebenslustiger Gedanke: Mal sehn, was das nächste Frühjahr so bringt!

Es ist ja wahr, zu den Reichen und Schönen würde ich auch ganz gern gehören. Und wenn schon nicht zu den Reichen, dann doch wenigstens zu den Schönen. Oder umgekehrt. Auch ich liebe das geheimnisvolle knisternde Geräusch, das beim Zählen frisch gepreßter Tausendmarkscheine entsteht. Wenn ich im SPIEGEL lese, daß die Millionärsdichte in Deutschland sich unaufhörlich weiter verdichtet, fällt mir ein, daß es bei mir mit dem Reichtum immer noch nicht geklappt hat. Ich hab es mit Lotto versucht, peinlich, davon zu reden. Beim Lotto, Kamerad, zieht die Glücksfee immer haarscharf an deinen Zahlen vorbei. Vielleicht hast du es ja verdient, aber das kann die doch nicht wissen, weil sie dich persönlich gar nicht kennt. Manchmal kommt es sogar noch schlimmer, und du hast sechs Richtige. Vielleicht entsinnst du dich an die Skandalziehung vor drei, vier Jahren: Gezogen wurden die Zahlen neun, dreizehn, dreiundzwanzig, siebenundzwanzig, achtunddreißig, vierzig. Von diesen Unglückszahlen war auf meinem System-Tippschein keine einzige angekreuzt. Zum Glück!

Andere Teilnehmer traf es härter.

Nicht weniger als hundertvierundzwanzig Spieler hatten

je sechs Richtige mit Superzahl. Eine regelrechte Massenorganisation! Das gab natürlich ein Hallo daheim an den Bildschirmen: Wir sind reich, Liesbeth! Wo vergraben wir bloß die ganze Kohle? Und dann der Schreck in der Morgenstunde! Die Quoten! Alle Sechse, und doch bloß je fuffzigtausend Mark für jeden großen Sieger.

Wie konnte das geschehen?

Na, wie schon, hundertvierundzwanzig Seelen – ein Gedanke! Wie eine Hammelherde hatten sie allesamt haargenau dasselbe Strickmuster auf dem Tippschein angekreuzt. Aber nun! Plötzlich wollten sie sich alle hinter den ICE werfen, einige sogar davor. Weiterleben wollten nur wenige, wie denn auch, mit lumpigen fuffzigtausend Mark! Das Geld meiner notleidenden Firma zu schenken ist keinem eingefallen. Bis heute nicht.

Geld ist nicht alles, aber es hat doch einen Riesenvorsprung vor allem, was danach kommt. Vor Jahr und Tag kannte ich einen sympathischen dunkelbraunen Galopper namens Almfried. Almfried war die Ausnahme von der Regel, wonach das Tier angeblich unfähig wäre zu lachen. Almfried konnte. Weit zog er die Oberlippe nach oben, entblößte endlos lange gelbe Raucherzähne und ähnelte in solchen Augenblicken stark dem französischen Filmkomiker Fernandel, wenn Sie den vielleicht noch kennen, was ich für Sie hoffe. Wie oft hat Almfried mich angelacht! Vielleicht sogar ausgelacht. Mehr und mehr neige ich zu der Annahme, daß er immer dann lachte, wenn er spitzkriegte, daß wieder mal ein Idiot auf ihn gesetzt hatte.

Der Weg zur Rennbahn ist mit Vorzeichen gepflastert, man muß sie nur zu deuten wissen. Frielings Lamborghini, das ist mir durchaus nicht entgangen, ihr Pappnasen, hat das auffällige, an einen Dreierpasch erinnernde Kennzeichen B – XY 555. Was möchte das Schicksal mir damit sagen? Will es mir damit sagen, der Name des Siegerpferds beginne mit den Anfangsbuchstaben B, X oder Ypsilon? Heißt es Birkhahn, Browser oder Billyboy, Xanthippe, Xochimilco oder Xtremist, Yoshimoto, Yucatan oder Ypsilanti? Und wollen die drei geheimnisvollen Ziffern mir vielleicht andeuten, ich solle im fünften Rennen fünf Mark auf das Pferd Nummer fünf setzen?

Schon seit zehn Minuten fährt vor mir ein Opel Corsa mit der Nummer 456. Vielleicht empfiehlt es sich, im vierten Rennen fünf Mark auf die Nummer sechs zu setzen. Die Ampel schaltet von Rot über Gelb auf Grün. Was soll das heißen? Bedeutet es vielleicht den Großen Einlauf roter Dress vor gelbem Dress, grüner Dress auf Platz drei?

Vor dem Rennen findet man solche Farb- und Zahlenspielereien ein bißchen albern, kein Profi jedoch tut sie als Quatsch und Esoterik ab. Allzu leicht könntest du dich schwarz ärgern. Hinterher. Mit dem Schlimmsten ist immer zu rechnen. Darum wird an der letzten Tankstelle vor der Rennbahn schnell noch getankt. Du könntest natürlich bequem auf dem Heimweg tanken, doch wie wird es auf dem Heimweg um deine Liquidität bestellt sein? Das beste ist, du tankst vor dem Rennen. Wer mit Geld umgehen kann, der rechnet mit allem!

Ich seh es euch an: Weil ihr bloß noch in die Glotze glotzt und keine Bücher mehr lest, habt ihr das Buch von Bodo Schäfer nicht gelesen: ›In sieben Jahren zur ersten Million‹. Bodo Schäfer, ein erstklassiger Moneycoach, ist der einzige Mensch auf der Welt, der dir sagen kann, wie du es schaffst, in nur sieben Jahren mit an Sicherheit grenzender Wahrscheinlichkeit Millionär zu werden.

Bodo Schäfer rät: Tragen Sie immer einen Tausendmarkschein bei sich! Nur so lernen Sie, sich mit Geld wohl zu fühlen. Entwickeln Sie Selbstvertrauen, rät Bodo Schäfer, und fangen Sie früh damit an! Wer von seinem achtzehnten bis zu seinem fünfundsechzigsten Lebensjahr regelmäßig Tag für Tag nur eine Mark spart, eine einzige lumpige Mark, und diese zu zwölf Prozent anlegt, geht als Millionär mit einer dicken Marie in den Ruhestand. Noch besser ist es, man legt jeden Monat siebentausendfünfhundert Mark zu fünfzehn Prozent an, dann ist man schon in sieben Jahren am Ziel.

Nicht daß ihr denkt, mir ginge es auf der Rennbahn um Geld. Um Himmels willen! Das Gegenteil ist der Fall. Es hat ja keinen Sinn, der reichste Mann auf dem Friedhof zu sein, und das letzte Hemd hat keine Taschen. Mich interessieren die Pferde, das Fluidum, das Ambiente, dieser irre Duft von Pferdeäpfeln.

Das Parken auf dem Rennbahn-Parkplatz kostet genau fünf Mark! Das Portal der Rennbahn hat zehn numerierte Eingänge. Ich wähle Eingang Numero fünf und zahle fünf Mark Eintritt. Dreimal die Fünf – Zufall oder mehr?

Hunderte nervöser Zocker umlagern die Totoschalter, blättern in der Rennzeitung, füllen Tippscheine aus. Sie wissen lange vor dem Rennen, wie es ausgehen wird; denn es gibt eherne Regeln: bei hartem Boden kleine Hufe, bei weichem Boden große Hufe wetten! Lange Beine sind ideal für kurze Distanzen, die Pferde mit den Dackelbeinen sind auf längeren Distanzen aussichtsreicher.

Im Führring drehen die vierbeinigen Starter ihre Runden. Wie stehen die Chancen? Nummer zwei – mit dabei, Nummer drei – letzter Schrei, Nummer vier – schönes Tier, Nummer acht – eine Macht, Nummer neun – was zum Freu'n!

»Ich nehme Pils«, sag ich.

Brüllt einer: »Nimm lieber Wodka!«

»Läuft der denn überhaupt?«

»Na, und ob!«

Nummer fünf heißt Pechvogel, doch Namen soll man nicht überbewerten. Da er Rappe ist und außerdem noch Außenseiter, sehen alle schwarz für ihn. Außer mir traut kein Mensch ihm zu, daß er das Ziel überhaupt erreicht. Lässig dreht er seine Runden im Führring, und ob ihr's glaubt oder nicht, immer wenn er bei mir vorbeikommt, nickt er mir zu, unauffällig, geradezu konspirativ.

Da kommt man natürlich ins Grübeln, Freunde! Ich weiß ja nicht, ob einer von euch sein Glück schon mal am Wettschalter versucht hat. Wenn ja, dann wißt ihr: Wettest du den Favoriten, liegst du zwar öfter richtig, mußt aber seelisch damit fertig werden, daß du am Toto, wenn's hoch kommt, mit Mühe und Not deinen Einsatz wieder rauskriegst, also maximales Risiko for nothing. Mit einem Outsider dagegen kannst du ein gemachter Mann sein, du mußt allerdings eine satte Quote erwischen. Freund Pechvogel dreht seine letzte Runde im Führring. Ein letztes Mal nickt er mir ermutigend zu. Er prustet sogar und deutet ein Wiehern an, das alles muß aber gar nichts bedeuten! Kann, muß aber nicht.

Die Pferde gehen raus zum Start.

Es ist das fünfte Rennen.

Vorgesehene Startzeit: fünf Uhr nachmittags.

Punkt fünf vor fünf setze ich fünfmal fünfundfünfzig Mark auf die Nummer fünf: Pechvogel.

Und es klappt. Es klappt, Herrschaften!

Mein Pferd kommt tatsächlich als fünfter rein.

Nun endlich ist der Moment gekommen, die Tickets zu zerfetzen und mit Schwung in den Papierkorb zu schmeißen. Was Besseres kannst du gar nicht tun, wenn du nicht nur als gottverdammter Loser dastehen willst, sondern auch noch als Umweltverschmutzer.

Und jetzt hör gut zu, mein unglücklicher Freund! Jede

Krise birgt in sich bekanntlich auch eine Chance. Nutze sie! Schau in den blauen Himmel, und atme tief durch! Atme den Duft des Frühlings! Es kostet keinen Pfennig! Eine Luft ist das da draußen auf der Rennbahn. Vor dem Rennen merkst du es gar nicht. Aber hinterher! Eine Luft wie Samt und Seide. So frisch! Und so gesund! Das ist das wichtigste.

Er ist wieder da

Eines Tages war er weg. Weg. Spurlos verschwunden. Wie vom Erdboden verschluckt. Natürlich wollten wir es zuerst nicht wahrhaben.

Ein, zwei Nächte war er schon öfter weggeblieben. Das war nicht weiter ungewöhnlich, und als gesunder Mann denkt man sich in solchen Fällen sowieso: Kann schon mal vorkommen bei einem gesunden Kater. Aber Elfie regte sich ungeheuer auf, so sehr, daß sie sich, selbst wenn sie gewollt hätte, gar nicht schlimmer hätte aufregen können, auch dann nicht, wenn ich selbst ein, zwei Nächte aushäusig geblieben wäre. Ich versuchte sie zu beruhigen. »Der kommt wieder«, sagte ich. Doch mit billigem Optimismus konnte ich diesmal nichts ausrichten.

»Ach, hör doch auf«, schluchzte sie, »du bist ja bloß zu faul zum Suchen.«

Als eine Woche vergangen war, stand für uns fest, daß es passiert war.

Unser Haus war so unsagbar leer geworden, und Elfi gestand mir unter Tränen, ein bißchen hätte sie, wenn sie an unseren guten, alten Trolli dachte, doch auch das Wirtschaftliche im Auge gehabt, so sind die Frauen.

Immerhin war unser Troll vom Trollenstein als Internationaler Zuchtchampion ein potenter Verdiener gewesen. In den neuen Bundesländern wimmelt es nur so von seinen Kindern und Enkeln. Mehrfach waren wir mit ihm Sieger geworden in der Best-of-Best-Klasse, zuletzt in Ottendorf-

Okrilla, und das, obwohl in der Kategorie Norwegische Waldkater die Konkurrenz besonders groß ist.

Jedenfalls hingen bei uns zu Hause alle Wimpel auf Halbmast.

Elfi drückte mir die Klapperbüchse mit dem Katzini-Trockenfutter in die Hand, das unserm Trolli immer so gemundet hatte, und jagte mich aus dem Haus. Unermüdlich klappernd klapperte ich seine mutmaßlichen Lieblingsplätze ab, Keller, Schuppen und Garagen. Wo überall mochte er seine Duftmarken gesetzt haben? Wie groß mochte sein Revier sein? Oder gewesen sein?

Immer weiter zog ich meine Kreise, Ellipsen und Spiralen. Ich ging allen Leuten mit meinen Fragen auf die Nerven. Ich setzte Kinder mit Fahrrädern und Rollschuhen als Fahnder auf ihn an. Ich fragte im Tierheim nach. Ich fragte im Krankenhaus. Ich fragte bei der Polizei. Ich klebte meine Suchmeldungen an Bäume, Zäune und Mauern, an den Eingang zur Stadtbibliothek »Bodo Uhse«, an den Eingang zum Sexshop »Beate Uhse«, ans Schwarze Brett der evangelischen Kirche St. Annen und aus Proporzgründen auch ans Schwarze Brett der katholischen Kapelle St. Benno, gleich neben die vergilbten Zettel mit den Öffnungszeiten.

Selbstverständlich trug unser geliebter grauer Tiger ein Halsband mit seinem Namen und seiner Telefonnummer.

Warum rief der ehrliche Finder nicht an?

Wir wagten gar nicht, unsere dunklen Ahnungen auszusprechen. Ein Halsband, das bei jedem Hund seinen Zweck erfüllt, eignet sich für frei laufende Kater nur bedingt! Ein Halsband ist jeder Katze ein Ärgernis; es beengt sie, es behindert sie, und wenn es ganz dumm kommt, bleibt sie beim Klettern am Spalierobst hängen und stranguliert sich nach allen Regeln der Kunst.

Dieses tödliche Risiko hatte Elfie mir mehr als einmal

ausgemalt. Ausdrücklich hatte sie mich hingewiesen auf die Möglichkeit, unseren Trolli mit einem dieser neumodischen Mikrochips zu kennzeichnen. Jeder Tierarzt ist fähig und bereit, so einen Chip mittels Spritze in die Rückenmuskulatur des Katers einzupflanzen. Jeder Chip hat eine spezielle Code-Nummer, die ist beim Tierarzt registriert und läßt sich über einen speziellen Zentralcomputer in der Schweiz jederzeit abrufen. Das alles hört sich schrecklich kompliziert an, ist aber ganz einfach. Der Tierarzt drückt dem Besitzer einen speziellen Katzenpaß mit Codenummer in die Hand, diese Nummer macht die Polizei im Fall des Falles mit einem speziellen Lesegerät sichtbar, das ist es dann auch schon. Wer ein paar Mark mehr ausgeben will, kann seinem Liebling sogar einen Mikrosender einbauen lassen.

All das hatte ich versäumt.

Elfie warf mir vor, ich hätte diese technische Aufrüstung mit voller Absicht hintertrieben, und schuld wäre mein krankhafter Geiz. Beide träumten wir schlecht: von Jägern, die nicht lange fackeln, wenn ihnen wildernde Rassekatzen vor die Flinte kommen, von Rumänen und Kroaten, die als Katzenfänger bei der Rheumadeckenindustrie die schnelle Mark machen oder das vietnamesische Restaurant Bahnhof's Gaststätte einschlägig beliefern.

Reichlich spät fiel mir ein, warum der ehrliche Finder, wenn es ihn denn geben sollte, gar nicht anrufen konnte. Die Telefonnummer auf dem Katzenhalsband stimmte überhaupt nicht mehr! Es war die alte.

Sie war unaktuell, ungültig, eine Luftnummer.

Die Telekom hatte bei uns inzwischen eine nagelneue Fernsprechanlage installiert mit ISDN und allen Schikanen.

Elfi machte mir heftige Vorwürfe, weil mir diese schlichte Erkenntnis nicht früher gekommen war. Ich versprach ihr, die Scharte schleunigst auszuwetzen, und ließ eine großformatige Annonce in die Zeitung einrücken, mit Farbfoto, neuer Telefonnummer und einem Text, aus dem hervorging, wie unsagbar viel unser kleiner grauer Ausreißer uns bedeutete. So eine Luxusannonce ist nicht billig, schon gar nicht, wenn man davon überzeugt ist, daß sie sowieso sinnlos ist, weil gar keine reelle Hoffnung mehr besteht.

Dieser gottverdammte Kater machte, auch in seiner, wahrscheinlich finalen, Abwesenheit noch reichlich Kosten und Mühe. Reichte es denn nicht, daß er mich jahrelang gedemütigt hatte, indem er mich ignorierte und seine Schmeicheleinheiten für Elfie aufsparte, die ihn verwöhnte mit ebenso abwechslungsreicher wie leckerer Fertignahrung: Fleischtöpfchen mit leckerem Kaninchen oder saftigem Herz! Leckerer Katzenschmaus mit Huhn, Gans, Truthahn und Ente! Feines Geschnetzeltes mit leckerer Poularde! Leckere Kitbits mit Seelachs und Forelle! Leckere Hasenhäppchen in feinem Aspik, leckere Brekkies, mit leckerem Käse abgerundet! Und selbstverständlich hielt Elfie für ihn zu jeder Tages- und Nachtzeit ein paar leckere Katzinis bereit. Als leckere Zwischenmahlzeit.

Möglicherweise war es nicht ganz fair gegen Elfie, aber ich begann immer öfter laut darüber nachzudenken, ob wir uns nicht vielleicht einen neuen Kater zulegen sollten; vielleicht aber, um keine traurigen Erinnerungen heraufzubeschwören, nicht unbedingt wieder einen Norweger, vielleicht einen Russisch-Blau, einen Sibirier, einen Perser oder Siam. Elfie jedoch wies den Gedanken weit von sich, nannte mich ein treuloses Subjekt und sprach drei Tage nicht mit mir.

Bis das Telefon klingelte.

Ich nahm den Hörer ab und sagte ahnungslos, was ich immer sage: »Hier ich. Wer dort?«

»Hier ist der Finder«, sagte eine heisere norddeutsche Stimme.

»Worum geht's, Herr Finder?«

»Mein Name ist Kreikebohm ...«

»Ja, wie denn nun – Finder oder ...?«

»Kreikebohm! Ich wollte bloß Bescheid sagen: Hier ist der ehrliche Finder ...«

»Wie bitte? Der waaas? Der ...? Ach der! Unser Kater ist bei Ihnen, wollten Sie das vielleicht damit sagen?«

»Ja.«

»Elfie!«

Mir schlug das Herz bis zum Adamsapfel. Kalte Schauer rasten mir über den Rücken.

»Elfie, komm schnell! Elfiiie! Sie haben ihn gefunden«, brüllte ich ins Telefon, »sie haben ihn gefunden ...«

»Man kann auch sagen: gerettet. Und wir hatten, ehrlich gesagt, ein paar Auslagen ...«

Aha, ach so, daher wehte der Wind!

»Über den Finderlohn werden wir uns schon einig, Herr Kreikebohm!«

»Wissen Sie, das war nämlich so ...«

»Keine Einzelheiten! Wo wohnen Sie, wie lautet Ihre werte Adresse?«

Es war nicht weit, zehn Minuten mit dem Auto.

»Hier ist er, der Unglücksrabe«, sagte Frau Kreikebohm und hob unseren guten, alten Streuner aus dem Sessel. Überglücklich nahm Elfie ihn in Empfang. Seine Wiedersehensfreude hielt sich in Grenzen. Erkannte er uns überhaupt? Er rollte sich auf Elfies Schoß zusammen und schloß die Augen. Sein linkes Bein war geschient, und wie es aussah, genoß er sein Rekonvaleszentenleben in vollen Zügen.

»Die Halbstarken waren mit dem Knüppel hinter ihm her«, sagte Kreikebohm, »Punker oder Skinheads oder Rapper, solche Leute, nee, was sind das bloß für Menschen! Die hab ich weggejagt, und dann sind wir gleich zum Tierarzt gegangen.«

Elfie, begeistert von Kreikebohms Zivilcourage, gab ihm einen dicken Kuß auf seine Stoppelwange.

»Tausend Dank«, sagte ich, »Sie können sich gar nicht vorstellen, wie uns zumute war. Wir hatten schon das Schlimmste befürchtet: fernöstliche Nationalitätenküche, wenn Sie verstehen, was ich meine, Kätzchen im Römertopf!«

Die Kreikebohms nickten verständnisvoll.

»Selbstverständlich«, sagte ich, »übernehmen wir außer dem Finderlohn auch die Tierarztkosten ...«

»Finderlohn«, sagte Kreikebohm, »das muß nicht sein, aber der Tierarzt, der hat richtig Geld gekostet, erst mal für das gebrochene Bein, und dann war da ja noch die Operation.«

»Die Operation?« fragte Elfie. »Was für eine Operation?«

»Wenn Sie sich nicht gemeldet hätten«, druckste Frau Kreikebohm, »dann wäre Ihr Kater ja bei uns im Haushalt verblieben ...«

»Klar«, sagte Elfie.

»... und wir wollten doch nicht«, ergänzte Kreikebohm, »daß er uns wieder wegläuft!«

»Klar«, sagte Elfie, kapierte aber gar nicht die Tragweite der ungeheuerlichen Andeutung.

Ich hielt mir beide Ohren zu.

»Wir haben uns gedacht«, erklärte Kreikebohm, der ehrliche Finder, »wenn wir schon mal beim Tierarzt sind, dann ist es wohl das beste, die Kastration wird gleich mit erledigt.«

Pardon wird nicht gegeben

Von meinem Opa hatte ich einen kleinen Garten geerbt, mit einer hölzernen Laube drauf und einem prähistorischen Geräteschuppen. Eigentum verpflichtet, darum ließ ich mich tatsächlich ein auf ein paar landwirtschaftliche Versuche mit Schnittlauch und Petersilie.

Leider ohne Erfolg.

Die kleine Wühlmaus durchkreuzte meine großen Pläne.

Zu diesem Thema hat Alfred Brehm in seinem Standardwerk Brehms Tierleben schon vor mehr als hundert Jahren das Wichtigste geschrieben. »Wenn die Wühlmaus«, schreibt er, »sich einmal eingenistet hat, geht sie freiwillig nicht eher weg, bis sie alles Genießbare aufgefressen hat.«

Als ich das gelesen hatte, stellte ich meine Gartenarbeit sofort und für immer ein und legte mich in die Sonne. Denn Nichtstun ist immer noch besser, als mit großer Mühe nichts schaffen.

Dann tauchte ein neuer Gartennachbar auf, ein Mann namens Rohlinger, dem die Großstadt zur Last geworden war. Er wollte unbedingt zurück zur Natur und hatte schon seit Jahren ein Grundstück im Grünen gesucht. Ein Makler hätte ihm auch schon mal was Preiswertes angeboten, was Erschwingliches, ausgesprochen Billiges, ein Schnäppchen geradezu, leider ungünstig gelegen.

Nicht bei Berlin, sondern in der Mongolei.

Mein neuer Gartennachbar war groß und stattlich, und er wuchs, wie sich herausstellte, immer noch. Allerdings nicht oben und unten, dafür um so stärker in der Mitte. Seine Hose war sein engster Freund.

Entschlossen krempelte er die Ärmel hoch, griff zu Axt und Spaten, streckte ein paar alte, morsche Pflaumenbäume nieder, buddelte im Schweiße seines Angesichts den ganzen Garten um und säte Rasen an.

Voller Hoffnung steckte er Krokusse und Märzenbecher und fieberte einen Winter lang dem Frühjahr entgegen.

Der Schnee schmolz, doch Rohlingers sehnlichst erwartete Frühblüher glänzten durch Abwesenheit. Mit bloßen Händen grub er verzweifelt nach seinen Blumenzwiebeln und ... fand keine einzige wieder.

Nun erst fielen ihm ein paar Besonderheiten des Geländes auf: Risse und schrundige Aufwölbungen, die sich unter der Erdoberfläche wie auf einem Schnittmusterbogen in abenteuerlichen Kurven hierhin und dorthin zogen.

»Herzlichen Glückwunsch zur Wühlmaus!« rief ich.

Rohlinger stellte Fallen auf.

Die Wühlmaus legte Umleitungen an.

Rohlinger schickte seinen Dackel vor.

Als der Schaden, den dieser anrichtete, die Wühlmausschäden überstieg, nahm sein Herrchen ihn aus dem Rennen.

Rohlinger planierte die Landschaft und versuchte es mit dem Anbau von Radieschen. An allen Ecken und Enden des weitverzweigten Wühlmausverkehrsnetzes legte er ein tödlich wirkendes Antiwühlmauspräparat aus, ein Fraßgift der Abteilung drei nach dem Bundesschädlingsbekämpfungsgesetz.

Wie viele Wühlmäuse es hinraffte, kann ich nicht sagen. Ich weiß aber, daß noch am selben Abend sein Dackel eines qualvollen, grauenhaften Todes starb.

Von Wut und Trauer übermannt, beschloß Rohlinger, die Wühlmaus als das zu bekämpfen, was sie war: der Hauptfeind des deutschen Kleingärtners! Von nun an betrat er seinen Garten nur noch bewaffnet mit einer Kleinkaliberbüchse.

Der Feind jedoch blieb feige in der Deckung.

Rohlinger kaufte einen größeren Posten Wühlmausgaspatronen auf. Tapfer kämpfte er bis zur letzten Patrone. Die Wühlmaus aber baute ihr Gangsystem unverdrossen immer weiter aus.

Rohlinger parkte seinen alten Opel Corsa mitten auf dem Rasen, ließ den Motor laufen und leitete über einen Schlauch die todbringenden Abgase geschickt in die Wühlmausgänge ein.

Zum ersten Mal erzielte er Wirkung!

Und zwar an seinem Auto.

Sein Opel Corsa trug schwere Schäden am Vergaser davon.

Rohlinger, von seinen Mißerfolgen berauscht, besorgte sich einen Kanister Diesel. Flächendeckend verdieselte er alle Wühlmausgänge. In die Löcher stopfte er dieselgetränktes Zeitungspapier und zündete es an. Dazu drohte er dem Feinde siegesbewußt mit der Faust.

Leider stand der Wind nicht günstig.

So wurde seine Laube ein Raub der Flammen.

Mit diesem Brandopfer begann sein unaufhaltsamer sozialer Abstieg.

Seine Freundin, die er zugunsten der Wühlmaus stark vernachlässigt hatte, verließ ihn für immer.

Seine Frau, die er zugunsten seiner Freundin stark vernachlässigt hatte, reichte die Scheidung ein.

Sein Chef verpaßte ihm die zweite Abmahnung.

Der einst so stattliche Rohlinger war vom Fleische gefallen. Er war nur noch Haut und Knochen.

Doch er gab nicht auf!

Aus dunklen terroristischen Quellen beschaffte er sich zehn Kilo Dynamit und sprengte den Garten komplett in die Luft.

Neulich traf ich ihn.

Er ging an Krücken, und sein rechter Arm war wegen Verbrennungen dritten Grades bis zum Ellbogen hoch bandagiert.

Der Mann war total fertig. »Frau weg, Freundin weg, Dackel tot, Auto kaputt!« klagte er. Von dieser Parzelle habe er endgültig die Nase voll.

Und nun hat ihm der Verpächter auch noch die Pacht erhöht.

Auch das noch.

Rohlinger will lieber heute als morgen das Grundstück abstoßen. An Absender zurück!

Doch selbst das ist nicht billig; denn vorher, sagt der Verpächter, soll er es in den ursprünglichen Zustand zurückversetzen.

Sonst kriegt er eine Klage an den Hals.

Rohlinger hat dem nur wenig entgegenzusetzen, nur das Verdienst, die Wühlmaus ausgeräuchert und vernichtet zu haben. Dies möchte er dem Verpächter in Rechnung stellen.

Der läßt natürlich gar nicht mit sich reden.

Der hat nämlich auch Alfred Brehm gelesen und weigert sich, zu glauben, daß die Wühlmaus tatsächlich vernichtet ist.

Ehrlich gesagt, ich glaube das auch nicht!

Für mich steht fest: Der Mensch kann Wölfe besiegen. Auch Bären. Tiger und Löwen. Sogar wilde Elefanten.

Nicht aber die Wühlmaus!

Die Wühlmaus, Freunde, ist für ihn einfach ein paar Nummern zu groß.

Können Tiere denken?

Nun, zunächst einmal können wir weder behaupten, daß Tiere denken noch daß sie nicht denken.

Soweit liegen die Dinge völlig klar.

Wenn wir allerdings bedenken, daß die kleine unscheinbare Mücke stets die besten Zeltplätze kennt und die Hühner ihre Eier – auf den Millimeter genau – in Eierbechergröße legen, dann werden wir stutzig!

Oder: Denken wir während längerer Sitzungen, wenn wir da schon mal denken, nicht sehnsüchtig an die kleinen wuschligen Hasen, die mit offenen Augen schlafen, was wir auch gern können möchten, aber leider nicht können können!

Oder sind nicht Hunde als Wachpersonal verläßlicher als Wachpersonal als Wachpersonal!

Und Bienen als Baumeister meistens besser als Baumeister als Baumeister!

Oder ist nicht die Makrele ein außerordentlich schlauer Geselle? Weil sie im weiten Meer sehr viele natürliche Feinde hat, schwimmt sie unermüdlich die Ostsee rauf und runter, bis sie einen Rostocker Fischdampfer entdeckt. Bei diesem geht sie freudig ins Netz und läßt sich zu »Makrele in Tomatensoße« verarbeiten, weil sie sich listig sagt: In der Dose, Herrschaften, hab ich 'ne reelle Chance, nicht gefressen zu werden!

Geistige Leistungen dieser Güte im Reich der Tiere führen auf kürzestem Weg zu der Frage: Können Menschen denken?

Und jetzt wird's brenzlig!

Daß auch Menschen hin und wieder denken, ist nicht gänzlich auszuschließen. Denn jeder von uns hat ja ein Hirn! Hirn, so nennen wir jene geheimnisvolle Zusammenballung grauer Zellen, mit denen wir denken. Daß wir denken!

Aber Denken ist Glückssache, meine lieben, jungen Freunde. Sie werden lachen, ich selbst dachte lange Zeit, Nonnen wären die Gattinnen der Mönche. Dies ist ebenso unrichtig wie falsch. Solange der Papst nicht anders entscheidet, bleibt der Mönch in der Erotik voll und ganz auf sich allein gestellt.

Ich dachte auch, die Kurtaxe wäre ein Mietauto, ein Taxi, das ausschließlich in Kurorten verkehrt. Verkehrt! Falsch!

Ich dachte sogar, das Fernsehen, das so unendlich viel Scheiße überträgt, werde irgendwann, hin und wieder, ausnahmsweise, auch mal ein paar Gedanken übertragen.

Typischer Fall von denkste!

Die Lehre vom Denken nennen wir Logik! Wir kennen die Logik aus der Mathematik, speziell aus der Mengenlehre. Kleines Beispiel: Befinden sich zwei (2) Personen in einem (1) Raum, und fünf (5) Personen verlassen diesen Raum, dann müssen unbedingt drei (3) Personen wieder rein, damit der Raum endgültig leer ist.

Oftmals jedoch greift die gute, alte Logik zu kurz.

Die Wissenschaft behauptet, es habe irgendwann mal einen Urknall gegeben und seit diesem Urknall, behauptet die Wissenschaft, dehnt unser Weltall sich immer, immer weiter aus. Aber! Wenn das Weltall sich tatsächlich ausdehnt, warum findet man dann in Berlin immer noch keinen Parkplatz?

Oder! Nehmen wir meine Nachbarn: Der eine heißt Klein, ist aber zwei Meter groß. Der andere heißt Groß, wird aber von jedem Gartenzwerg weit überragt. Der dritte heißt Weber, ist aber ein Spinner.

Mein Nachbar Klein ist bei der Verkehrspolizei. Da erlebt er natürlich allerhand Gesetzwidriges, was dann am nächsten Tag in der Zeitung steht, zum Beispiel die Meldung: »Zu tief ins Glas hatte ein Neunundzwanzigjähriger geschaut. Der arme Kerl mußte seine feuchtfröhliche Promille-Tour eigens unterbrechen, um sich auf die Straße zu erbrechen. Das war für die gerade vorbeikommende Polizei natürlich ein gefundenes Fressen.«

Mein Nachbar Groß ist zuckerkrank. Auch er lebt gefährlich. Als ich ihn gestern besuchte, füllte er gerade einen Fragebogen aus – einen Fragebogen vom Deutschen Diabetikerbund. Dabei stieß er auf eine bemerkenswerte Frage. Sie lautet: Wurde Ihnen in den vergangenen 12 Monaten ein Bein amputiert?

Ja / Nein / Weiß nicht.

Mein Nachbar Weber ist Beamter. Er besitzt ein wunderbares dickes »Handbuch der deutschen Verwaltungsarbeit«. Der Inhalt dieses überaus präzisen Nachschlagewerks gipfelt in der folgenden Vorschrift: »Stirbt ein Beamter während einer Dienstreise, so gilt die Dienstreise damit als beendet.«

Hahn Willi

Quatsch mit Soße!« sagt meine Tante Minna. »Das ist doch man alles bloß Hühnerglaube, wo der Hahn nicks von ab weiß.«

Sie kann, wenn sie will, ganz schön ironisch sein.

Wer sie nicht oder nur flüchtig kennt, meint vielleicht, nicks und niemand könne sie aus der Ruhe bringen. Wer sie so gut kennt wie ich, weiß, daß es in ihr vulkanisch brodelt.

Herr Dr. Endruweit und Frau Dr. Endruweit, die neuen, aus Rostock zugezogenen Nachbarn, haben bei ihr geläutet! Das wäre der Rede nicht wert, hätten sie Tante Minna zu Kaffee und Kuchen eingeladen, aber nichts dergleichen, ganz im Gegenteil! Sie haben meine Tante Minna der Lärmbelästigung bezichtigt. Sie haben sie kategorisch! aufgefordert, nun aber bitte! endlich! ihren Hahn Willi zur Räson zu bringen.

»Das kann doch nicht angehen, daß hier auf dem Land rund um die Uhr der Hahn krähen darf, einfach so, mir nichts, dir nichts, wo leben wir denn!« So der Standpunkt von Frau Dr. Endruweit, die für sich selbst in Anspruch nimmt, mit ihren großstädtischen pinkfarbenen Stöckelpumps geräuschvoll den Bürgersteig zu jeder Tages- und Nachtzeit beschreiten zu dürfen, immer klickediklack, klickediklack.

»Das«, sagt Tante Minna feindselig, »das ist hier nämlich die Lärmbelästigung!«

Herr Dr. Endruweit hat ihr fachmännisch auseinandergesetzt, Hahn Willi krähe mit einer Stärke von mehr als einhundert Dezibel, was dem Geräuschpegel einer Gesenkschmiede entspreche, und er hat meine Tante Minna ausdrücklich darauf hingewiesen, daß aus rechtlicher Sicht jede Hühnerhalterin vollinhaltlich verantwortlich sei für das Wohlverhalten ihres Federviehs; eine erfahrene Hühnerhalterin könne sogar, um nächtliche Ruhestörungen auf ein vertretbares Maß zu reduzieren, ihrem Hahn das Krähen abgewöhnen, »wenn nur der gute Wille da ist!«

»Das ist Hühnerglaube«, wiederholt meine Tante Minna und bewegt die flache Hand vor ihrer Stirn hin und her wie einen wild gewordenen Scheibenwischer.

Als die Endruweits mit dem Bau ihres Landhauses begannen, war die Welt noch heil und harmonisch gewesen. »Die beiden sind in Ordnung«, hatte Tante Minna mir unaufgefordert mitgeteilt, »er sowieso und sie genaugenommen auch, bißchen überstudiert, aber davon abgesehen im großen, ganzen sehr, sehr nett.« Sie wohnten damals, soviel ich weiß, noch in Rostock, erschienen aber, um die Bauarbeiten zu beaufsichtigen, fast jeden zweiten Tag und schwärmten hemmungslos von der Landluft. »Landluft macht frei«, bekannte Frau Dr. Endruweit, »die Haustierdüfte machen mir wirklich nichts aus, Frau Grützmacher, nicht das geringste, ü-ber-haupt nichts; seit ich die Menschen kenne, liebe ich die Tiere!«

»Alles schön und gut, Frau Doktor, man bloß daß die verdammten Hühner immer alles vollscheißen tun!«

»Wer frische Eier schätzt«, erklärte Frau Dr. Endruweit, »muß mit den Abprodukten leben können.« Wohlwollend ließ sie den Blick schweifen über Tante Minnas Weiße Leghorn mit Hahn Willi an der Spitze.

Das Wort Abprodukte machte meiner Tante Minna so großen Eindruck, daß sie Endruweits von nun an gelegentlich ein paar nestfrische Eier zusteckte. Im Gegenzug bekundete Frau Dr. Endruweit gesteigertes Interesse an Tante Minnas frei laufender Hühnerschar, die, von Hahn Willi geleitet, eifrig scharrend ihrem Tagewerk nachging. Ausführlich verdolmetschte Tante Minna ihrer neuen Nachbarin die Sprache des Leghornvolks; ohne falsche Scham ahmte sie Lege- und Drohlaute der Hennen nach und parodierte die Werbungsappelle des Hahns, wobei ihr vor allem die Lockrufe glückten.

Wie verzaubert war Frau Dr. Endruweit von der Erotik des Hühnerhofs. Das hier war doch mal was anderes als immerzu bloß das stupide Auf und Ab der Softpornos im Schweinigel-Fernsehn: Hahn Willi, ein Bild von einem Hahn, mit vor Vitalität schwellendem feuerrotem Kamm! Wie er die Henne seiner Wahl schnalzend umwirbt und nach energischem Kratzfuß die sich duckende Erwählte kraftvoll begattet und nach dem Höhepunkt nicht schlappschwanzmäßig abstürzt, sondern im Nachspiel den Kratzfuß galant wiederholt, hierin ein Vorbild für alle, die nur ihr Vergnügen suchen und, wenn sie es gefunden haben, sofort das Interesse an der Partnerin verlieren. Stumm und ergriffen betrachtete Frau Dr. Endruweit das Balzgeschehen, Herr Dr. Endruweit kommentierte es unternehmungslustig mit einem Pfiff, und dann zogen sich die beiden Hübschen regelmäßig zurück.

Feine Menschen, hatte Tante Minna, sagt sie, damals noch gedacht, aber als die dreizehn Möbelwagen aus Rostock mit all den Biedermüllersesseln und Picasso-Gemälden vorfuhren und die lieben Endruweits schließlich ihre backsteingotisch verklinkerte Landvilla mit Whirlpool und drei Gästeklos bezogen hatten, zeigten sie immer öfter ihr wahres Gesicht.

Bald schon gingen sie meiner Tante Minna mit ihrer Hellhörigkeit auf die Nerven. »Was war das bloß für ein furchtbarer Radau letzte Nacht!« seufzte Herr Dr. Endruweit lautstark über den Gartenzaun. »Sie haben da aber auch einen ganz besonders stimmgewaltigen Hahn, Frau Grützmacher, der könnte direkt im Bayreuther Opernhaus mitsingen: Nun sei bedankt, mein lieber Hahn ...«

»Schade nur«, ergänzte seine Gattin, »daß er ein extremistischer Frühaufsteher ist!«

Tante Minna bleibt die Spucke weg.

»Hättest du, Frithjof, gedacht, daß ein einziger Hahn so lautstark zu krähen vermag?!«

»Mein Willi alleine kann das nicht gewesen sein«, versichert Tante Minna. »Aber wenn die andern Hähne anfangen, denn macht er natürlich mit, das is ja seine Natur ...«

Endruweits werfen sich Blicke zu und schweigen. Vielsagend.

»Hier rundrum gibt das so viele Hähne«, erläutert Tante Minna, »ein Dutzend gewiß ...«

»Bei uns im Neubaugebiet keinen einzigen!« triumphiert Frau Dr. Endruweit.

»Ohne Hühner keine frischen Eier!« stellt Tante Minna klar, fügt aber versöhnungsbereit hinzu: »Wir wohnen ja hier auch man bloß auf dem flachen Land.«

»Wir nicht!« So Herr Dr. Endruweit. »Wir wohnen im Neubaugebiet, nicht wahr, Liebes?«

Mit solchen Sprüchen versuchen sie, sich im Dorf beliebt zu machen.

»Laß dir man bloß nich unterkriegen, Minna!« empfiehlt Lene Lüttjehann, die selber so manches erlebt hat damals, als sie die Poststelle noch unter sich hatte.

»Nee, nee, Lene«, sagt meine Tante Minna, »du kennst mir ja.«

»Am besten gar nich ignorieren, Minna«, rät Tischler Suhrbier. »Wie man in den Wald rein ruft, so schallt es wieder raus!«

Artig wünscht meine Tante Minna ihren neuen Nachbarn weiterhin einen guten Tag, auch einen guten Weg, aber mehr erst mal nicht, mag ja sein, daß sich das alles wieder gibt. Aber fährt dir nicht vierzehn Tage danach der Zusteller Bollhorn mit seinem postgelben Auto vor und drückt ihr ein dickes Einschreiben in die Hand, für das sie mit ihrem guten Namen unterschreiben muß! Sie hat weiß Gott ein reines Gewissen, trotzdem klopft ihr das Herz bis zum Hals; denn Absender ist eine geheimnisvolle Anwaltskanzlei Schott & Schnigge. Tante Minna ist siebzig Jahre lang untadelig durchs Leben gegangen, Gott sei Dank, ehrlich währt am längsten; weder Advokaten noch Staatsanwälte hatten jemals Gründe, sich mit ihrer Person zu befassen, und vorbestraft ist sie auch nicht.

Noch nicht.

Mit zittrigen Händen öffnet sie den Umschlag, und nun dämmert ihr allmählich, was dahinterstecken könnte; denn die Anwälte Schott & Schnigge bezeichnen im Briefkopf als Spezialität und Interessenschwerpunkt ihrer Kanzlei ausdrücklich das Nachbarrecht.

Der Brief, der ihr da ins Haus flattert, erweist sich als neun Seiten starke, furchteinflößende Klage!

Als Kläger grüßen: Herr und Frau Dr. Endruweit. Ihr Haus ist nur circa sechs Meter von der Grundstücksgrenze entfernt, und ausgerechnet auf dieser Seite des Hauses befindet sich das Schlafzimmer. Die Kläger behaupten, das rücksichtslose Krähen des Hahnes beeinträchtige sie in ihrem Wohlbefinden, insbesondere ihre Nachtruhe sei nachhaltig gestört. Der Hahn beginne im Sommer bereits gegen vier Uhr null fünf mit dem Krähen, so daß der Kläger Herr Dr. Endruweit durch die fortgesetzten Hahnenschreie bereits erhebliche gesundheitliche Beeinträchtigungen habe hinnehmen müssen. Er leide an Schlafstörungen und sei psychisch »unwirsch«. Auch sei es bei ihm zu einer Blutdruckfehlregulation gekommen. Die Kläger beantragen daher, die Beklagte Frau Minna Grützmacher zu verurteilen, es zu unterlassen, auf ihrem Grundstück einen Hahn in der Weise zu halten, daß dessen Krähen auf dem Grundstück der Kläger störend hörbar ist ...

Wat nu?

»Ruhe bewahren!« lautet meine Parole. Ruhe ist die erste Bürgerpflicht.

Tante Minna findet die Klage unanständig und »impertinent«. Sie möchte die Kläger für diese Klage am liebsten verklagen.

»Das mach du man«, sag ich, »hol man gleich dein ganzes Geld von der Kasse, und das trag denn man hin zum Rechtsverdreher, mit Zins und Zinseszins!«

»Tjä, wat denn?« Tante Minna sieht mich ratlos an.

Feierlich schiebe ich Schreibblock und Kugelschreiber über den Tisch, und diktiere ihr einen Leserbrief an den »Mecklenburgischen Landboten«. Was kann es, gleich nach einer ertragreichen Anzeigen-Akquisition, für eine Zeitung Schöneres geben, als furchtlos für ihre Leserinnen und Leser kämpfen zu dürfen! Schon einen Tag später erscheint der Artikel, und zwar unter der Überschrift »Hahn Willi darf nicht krähen«.

Nun ist im Dorf der Teufel los.

Die Neureichen aus dem Neubaugebiet äußern – bei aller Tierliebe! – ein gewisses Verständnis für die Klage. Endruweits verklagen die Zeitung. Unter den Einheimischen kursiert das Gerücht, Endruweits seien Wessis. Der »Mecklenburgische Landbote« dementiert diese Fehlinformation. Trotzdem erschallt neulich, als Frau Dr. Endruweit nichts Böses ahnend mit ihren Stöckelschuhen den Bürgersteig beschreitet, aus einem Fliedergebüsch heraus ein mißtönendes Kikeriki, das Hahn Willi beim besten Willen nicht angelastet werden kann. Seit die Zeitung so auffällig dementiert,

Endruweits seien Wessis, sind die Eingeborenen für alle Zeit davon überzeugt, daß Endruweits Wessis sind.

Zusteller Bollhorn, eine Amtsperson vom Scheitel bis zur Sohle, stellt Tante Minna einen blauen Brief zu, Absender: Amtsgericht. Zu und zu gern hätte er gewußt, was drin steht, aber leider – Briefgeheimnis. In Ermangelung genauerer Infos muß er sich wohl oder übel darauf beschränken, das Dorf davon in Kenntnis zu setzen, er habe Tante Minna eigenhändig einen Brief vom Amtsgericht zugestellt, Farbe blau, Inhalt geheim.

Unverzüglich stattet Lene Lüttjehann meiner Tante Minna einen Beileidsbesuch ab, mit Lucie Levknecht und Herta Kowalewski im Schlepptau. Der Brief, erfahren sie, habe meine Tante Minna stark verbittert; weil das Amtsgericht, wie Richter Faltlhauser schreibt, die Klage »angenommen«, also nicht »abgewiesen« habe.

Wat nu?

»Tjä, Minna«, sagt Lucie, »denn mußt du dir woll warm anziehn!«

»Der Richter hat die Klage angenommen«, jammert Tante Minna.

»Die kennen sich doch alle gegenseitig«, argwöhnt Herta, »ein Rabe hackt dem andern kein Auge aus!«

»Ja, Herta, wenn er so 'ne impertinente Klage angenommen hat, denn ...« Meine Tante Minna ballt die Fäuste. »... denn muß ich mir woll auf alles Böse gefaßt machen.« Aber sie wird nicht klein beigeben. Sie nicht! »Wenn alle Stränge reißen«, sagt sie, werde sie, auch wenn ihr dann »das Herz blutet«, ihren schneeweißen Leghornhahn Willi direkt vor dem Bürgermeisteramt öffentlich hinrichten. »Denn hat die Zeitung wieder was zu schreiben!«

Dank Lene, Lucie und Herta weiß das ganze Dorf schon eine halbe Stunde später, daß Minna so gut wie abgeurteilt ist und daß der Bürgermeister gesagt habe, sie soll sich nicks gefallen lassen.

Daraufhin beantragt Siegi, der Gastwirt vom Saloon, vormals Konsumgaststätte (Warme Biere & Kalte Suppen), beim Landratsamt eine Umbenennung seines Lokals »Mittelpunkt der Erde«, aber nicht in »Siegi's Speisen-Lokal«, wie noch vor kurzem geplant, sondern wegen der aktuellen Vorgänge in »Siegi's Speisen-Lokal Zum Goldbroiler«.

Unablässig debattiert das Dorf in den Wochen bis zum Termin nicht allein Willis Schicksal, sondern auch die Gefahr, daß ein Präzedenzurteil gefällt werden könnte, mit dem der Richter alle anderen ortsansässigen Hähne mundtot macht, so was hat's alles schon gegeben, so was kennen wir ja schon vom Rinderwahnsinn her. Unter den Einheimischen kursiert das Gerücht, Amtsrichter Faltlhauser sei ein Wessi, aber Lene Lüttjehann sagt: »Das spielt keine Rolle. Der Richter muß bloß auf sein Gewissen hören, ansonsten kann er machen, was er will!« Und Lene, die weiß das, denn die hat damals, als sie die Poststelle noch unter sich hatte, auch immer die rechtlichen Bestimmungen einhalten müssen.

»Was meinst du denn dazu«, sagt Tante Minna zu mir, »wolltest du nich früher mal eins Rechtsanwalt werden?«

»Ich wollte sogar Richter werden«, sag ich, »aber da ist leider nichts draus geworden, weil ich diese krankhafte Liebe zur Gerechtigkeit hab.«

»Na, denn kannst du ja wenigstens meinen Verteidiger spielen«, schlägt Tante Minna vor.

Soweit kommt es dann doch nicht; Zusteller Bollhorn fährt mit einem weiteren Brief vom Amtsgericht vor. Richter Faltlhauser hat Rechtsanwalt Höllerich als Pflichtverteidiger bestellt.

Aber selbstverständlich begleite ich die Beklagte zum Termin ins Amtsgericht, wenn schon nicht als Rechtsbeistand, so doch wenigstens als seelischer Beistand. Rechtsanwalt Höllerich ist optimistisch. Er hat die Klage »durchgearbeitet« und gibt der Gegenpartei keine Chance: »Die haben keine Chance, liebe Frau Grützmacher. Einem Hahn – auf dem flachen Land! – das Krähen zu verbieten, wo gibt's denn so was!«

Dieser Kampfgeist erfüllt meine Tante Minna erneut mit Zuversicht. Weder Klägerin noch Kläger würdigt sie eines Blicks, und den eleganten gegnerischen Rechtsanwalt Schnigge ignoriert sie gleich mit.

Richter Faltlhauser, von zwei blondierten Schöffinnen dekorativ umrahmt, gefällt ihr um so mehr, ein feiner Mensch, mit grauen Schläfen, »und so gepflegt!« Merkwürdig nur, daß er so freundlich spricht mit diesen impertinenten Klägern, die vor den Schranken des Gerichts nach Herzenslust Schlechtigkeiten über Hahn Willi verbreiten dürfen, und das wird dann von der Protokollantin auch noch wortwörtlich für die Nachwelt festgehalten!

Aber soviel Phantasie wie die Kläger hat meine Tante Minna schon lange. Wenn sie mit anhören muß, was für Räuberpistolen die beiden da vortragen, möchte sie am liebsten beschwören, Hahn Willi sei taubstumm! Doch ausgerechnet sie auf ihrer Anklagebank soll bei der Wahrheit bleiben. »Sie stehen unter Wahrheitspflicht, Frau Grützmacher, erzählen Sie bitte alles genau so, wie es sich tatsächlich verhält.«

Richter Faltlhauser spricht auch mit ihr soweit ganz freundlich. Aber! Nicht freundlicher als mit diesen impertinenten Endruweits. Und die Plädoyers enttäuschen sie erst recht.

Herr Rechtsanwalt Schnigge hebt in schneidendem Ton hervor, der Hahn der Beklagten beginne jeden Morgen spätestens um vier Uhr null fünf mit dem Krähen, was für seine Mandanten permanenten Schlafentzug bedeute, der bereits zu Bluthochdruck, Streß und Schwächung des Immunsystems geführt habe, insofern stehe seinen Mandanten gegen die Beklagte zweifelsfrei nicht allein ein Unterlassungsanspruch aus Paragraph 1004 I 2 BGB zu, sondern auch ein Schmerzensgeld von D-Mark zehntausend.

Tante Minna sitzt da wie versteinert.

Ihr Sachwalter Herr Höllerich weist die Schmerzensgeldforderung höflich zurück und erzählt dem Richter lang- und breitatmig im Güstrower Tonfall, was der Richter selber weiß, daß nämlich Hühnerhaltung in Mecklenburg-Vorpommern »ortsüblich« und die Klage eventuell zulässig sei, wenngleich unbegründet ...

Damit handelt er sich einen Verweis des Vorsitzenden ein: »Was vor Gericht zulässig ist, Herr Rechtsanwalt, entscheidet bis auf weiteres das Gericht!«

Mit dieser Zurechtweisung zieht das Gericht sich zur Beratung zurück, und ich hab in der Pause meine liebe Not, Tante Minna ruhig zu stellen. Zehn Minuten später erheben wir uns. »Im Namen des Volkes ergeht das Urteil: Die Kläger Frau und Herr Dr. Endruweit«, so Richter Faltlhauser, »machen geltend, der fragliche Hahn ...«

»Er heißt Willi!« ruft meine Tante Minna.

Ich mache pssst.

Streng blickt der Vorsitzende auf. ...machten geltend, der fragliche Hahn krähe »sehr laut« und »sehr häufig«; diese unbestimmte Aussage ohne Angabe lärmschutzrelevanter Werte jedoch lasse nicht den Schluß auf eine außergewöhnliche Beeinträchtigung zu; die Zumutbarkeit müsse durch Abwägung beider Standpunkte ermittelt werden, das Gericht sehe weder die Errichtung einer Schallschutzwand an der Grundstücksgrenze noch eine Schalldämmung des Hühnerstalls als zumutbar an, Schadensersatz- und Schmerzensgeldansprüche seien in vollem Umfang zurückzuweisen.

Das alles hört sich gar nicht mal schlecht an.

Siegestrunken nickt Verteidiger Höllerich meiner Tante Minna zu, und sie beginnt gleich hemmungslos zu strahlen.

Verfrüht.

Unzumutbar jedoch, so Richter Faltlhauser sehr laut und sehr deutlich, sei das Krähen bereits ab vier Uhr null fünf! Daher erkenne das Hohe Gericht auf eine Limitierung der Hahnenschreie auf fünfzig Dezibel, was dem Geräuschpegel eines Restaurants ohne Musikeffekte entspreche, und zwar bei einer Zwangsbegrenzung auf die Zeit zwischen sieben und neunzehn, an Sonn- und Feiertagen zwischen zehn und sechzehn Uhr. »Die Kostenentscheidung folgt aus den Paragraphen 91, 92 und 100, I, II und III Zivilprozeßordnung. Die Verhandlung ist geschlossen!«

»Revision«, ruft Anwalt Schnigge im Namen der Gegenpartei.

Das Hohe Gericht verläßt den Saal.

Tante Minna schaut stumm hinterher und bewegt das Wort Kostenentscheidung in ihrem Herzen.

Rechtsanwalt Höllerich will nicht raus mit der Sprache. Erst auf Nachfrage bestätigt er meine Ahnung, daß die Gerichtskosten zu gleichen Teilen an beiden Parteien hängenbleiben.

»Revision!« rufe auch ich.

Auf den Schreck kehre ich mit meiner traurigen Tante Minna ein bei Siegi, in »Siegi's Speisen-Lokal«, dessen neuer Name »Siegi's Speisen-Lokal Zum Goldbroiler« noch immer nicht genehmigt ist. »Tjä, Leute ...« Schicksalergeben zuckt Siegi die Achseln. »Vor Gericht und auf hoher See sind wir alle in Gottes Hand. Wir wollten Gerechtigkeit«, sagt er, »und bekamen Fernsehrichterin Barbara Salesch! Das beste ist, wir trinken uns erst mal ein bißchen Optimismus an.« Dies hält auch Tante Minna für das vernünftigste, beschränkt sich jedoch Hahn Willi zu Ehren auf einen ganz kleinen Eierlikör.

Nun ist nichts mehr, wie es gewesen ist. Unser Dorf, auf den ersten Blick ein stilles, verschlafenes Nest, widerhallt vielstimmig von Hahnengeschrei und Geflügelradau, ganz besonders dann, wenn alle Hähne schweigen. Eine Orgie der Solidarität. Kikeriki! tönt es, sobald die sensiblen Endruweits sich blicken lassen, aus Dachluken heraus, hinter Bretterzäunen und Hausecken hervor. Kikeriki! Kikerikiii!

Ich sage meiner Tante Minna auf den Kopf zu, daß auch sie sich an dieser unwürdigen Kampagne beteiligt. Das weist sie empört zurück. Mir aber kann sie nichts vormachen; ich hab sie mit eigenen Ohren krähen gehört! Allerdings, soviel ist richtig, immer bloß zwischen sieben und neunzehn Uhr. Und sonntags nie.

Tante Minna und der Fortschritt

Lene Lüttjehann hat die Poststelle in der Gemeinde unter sich und ist folgedessen besser informiert als die Ostsee-Zeitung, die sie aus alter Gewohnheit immer noch gern als Wasser-Prawda bezeichnet. Neulich erst ist ihre Tochter Keerolain als Miss Ribnitz-Damgarten demokratisch gewählt worden, von einer unabhängigen Jury, und nicht bloß in Ribnitz, nee, in Damgarten auch gleich noch, sagt Lene, mit sage und schreibe vierundvierzig Punkten Vorsprung.

Gleich nach Ostern soll ihre Keerolain eine bestens bezahlte Stelle in Hamburg-St. Pauli antreten. Der mütterliche Stolz auf diesen Erfolg wird es wohl gewesen sein, der Lene Lüttjehann verleitete, sich durch Hochmut an meiner Tante Minna zu versündigen. Andererseits, direkt fein ist meine Tante Minna manchmal wohl auch nicht so ganz.

»Sag man eins, Lene, was muß deine Keerolain da denn da nu so machen, die ganze Nacht als Motel auf der Reeperbahn? Ganz ohne Sex wird das je woll nich abgehn, nich?«

»Ohne ... was?« Lene verschlägt es die Sprache.

»Da is doch ein Sexual-Schopp an'n annern«, sagt meine Tante Minna und fügt in aller Unschuld hinzu: »Diesen ganzen Sex hat das ja früher gar nich gegeben, aber wer so was mag – worüm nich ...«

Hastig sagt Lene: »Und selbst, Minna? Woans geht dir das denn so in letzter Zeit?«

»Danke der Nachfrage, könnte besser gehen, mit 'n Totbleiben will un will das nich klappen.«

»Tjä«, seufzt Lene Lüttjehann, »so is das Leben. – Und was darf's heute sein, Minna?«

Meine Tante Minna zückt ihr Portemonnaie, zählt zehn messingfarbene Groschen ab und schiebt sie über den Schaltertisch: »Eine Briefmarke à eine Demark, bitte.«

»Nanu, wofür das denn?«

»Unser Volker hat Geburtstag, der is ja nu auch all drei Jahre da unten in'n Westen tätig, direkt in Baden-Würstchenberg.«

»Weiß ich, Minna, weiß ich ja, aber ... ich mein, wofür soll die Briefmarke denn sein?«

»Dreimal darfst du raten, Lene«, sagte Tante Minna, die Neugier gar nicht schätzt, jedenfalls nicht bei anderen Leuten.

»Wenn die für die Glückwunschkarte mit Kuvert sein soll, Minna, denn tut mir das aber herzlich leid, eine Mark, das war einmal. Der gültige Tarif is eine Mark zehn ...«

»Eine Mark zehn, Lene?!« Meine Tante Minna erstarrt. »Dein Postamt wird je woll immer teurer.«

»Will ich gar nich mal sagen«, erklärt Lene Lüttjehann. »Die Eine-Mark-zehn-Marke kostet immer noch genau eine Mark und zehn – genau wie vor tausend Jahre.«

Dieser vorlaute Scherz verletzt meine Tante Minna. «Wenn das so ist und immer gleich 'ne Mark zehn kostet«, sagt sie, »denn kann ich ja man lieber eins telefonieren.«

Sie zieht ihre Groschen wieder an sich, läßt sie ins Portemonnaie fallen und schiebt einen Zettel mit einer langen Telefonnummer durchs Schalterfenster.

Lene setzt die Brille auf und sagt voller Anerkennung: »Aha, hm, Rudolfzell am Bodensee.«

»Radolfzell«, korrigiert meine Tante Minna und wirft sich in die Brust. »Das heißt Radolfzell, Lene, nix für ungut.«

»Ach so? – Ach ja? Ganz wie du meinst, Minna, du mußt

das ja wissen, denn heißt der Verteidigungsminister woll auch Bundesminister Radolf Scharping.«

»Das mag woll sein«, räumt Tante Minna ein und blickte höchst interessiert durchs Fenster geradewegs auf die bunten Banner des Gebrauchtwagenmarktes gegenüber.

Mit spitzem Finger wählt Lene, ganz Amtsperson, die gewünschte Nummer und drückt meiner Tante Minna den Hörer in die Hand, übrigens mit den Worten »Bitte schön, der Anschluß Rudolfzell!«

Ganz fest preßt Tante Minna die Muschel an ihr rechtes, ihr besseres Ohr.

»Hallo!« ruft sie. »Hallo!« Sie lauscht mit voller Kraft. »Volker?! Hallo! Sag doch was, mein Jung! – Ich weiß genau, daß du zu Hause bist. – Worüm seggst du denn nix? – Hier spricht deine Mutter!«

Nichts.

Todunglücklich sucht Tante Minna den Blickkontakt mit Lene Lüttjehann, die sich rein zufällig voll konzentriert in eine außerordentliche Inventur ihrer Postwertzeichenbestände vertieft, dabei den Piepton in der Leitung aber nicht überhört hat.

»Da, Lene ...« Schweren Herzens gibt Tante Minna den Hörer retour. »Weißt du, was er sagt! Er sagt, er ist gar nicht zu Hause!«

»Hm ...«

»Sie haben eine Minute Zeit für eine Nachricht, seggt hei! Sie, hat er gesagt. Sie! Sie haben man bloß eine einzige Minute Zeit, seggt hei.«

»Hm.«

»Zu seiner eigenen Mutter sagt er Sie! Und denn hat er noch so albern gepiept und geflötet. – Ob hei duhn is, Lene?!«

»Hm.« Sagt Lene Lüttjehann.

»Aber wenn er sagt, er is nich zu Hause«, kombiniert Tante Minna, »denn muß er doch ei'ntlich zu Hause sein, sonst kann er ja gar nicht sagen, daß er nich zu Hause is! – Ach, Lene, als Kind hat er auch schon ümmer so doll geflunkert ...«

»Man kann ja nich wissen«, mutmaßt Lene, »wenn das man nich bloß sein Anrufbeantworter gewesen is!«

»Sein ... Anrufbeantworter?! Du meinst – er hat Personal eingestellt?! Nee, das denn nu doch noch nich, Lene. Kann er sich gar nich leisten, soviel verdient er denn doch noch nich ... – Oder doch?!«

Lene Lüttjehann hebt ratlos die Hände.

»Sie, seggt hei, zu seine leibliche Mutter.« Tante Minnas Augen füllen sich mit Tränen. »Zum Windelwaschen, ja, da is man gut genug für, das soll alles sein, das is alles selbstverständlich, und was war der Junge immer wund, Penatenkrem gab das damals für Ostgeld ja nich!«

Lene Lüttjehann zuckt die Achseln.

Rache für Rudolfzell! Rache für die Reeperbahn! So was kommt von so was, und wie man sich bettet, so liegt man, und dann muß man die Folgen tragen.

Verstohlen wischt sich Tante Minna mit ihrem elegant bestickten Taschentuch die Feuchtigkeit aus den Augenwinkeln. Dann verfinstert sie ihr Gesicht. Ratsch-ratsch, reißt sie die Glückwunschkarte in Fetzen. »So«, ruft sie, »nu will wi mal eins seihn, Lene! Nu versuch du das man noch eins mit'n Telefon!«

»Wenn du meinst, Minna ... Aber das kostet natürlich noch mal extra Geld.«

»Denn laß das kosten, is ja nich dein Geld!«

Gehorsam wählt Lene ein zweites Mal den Anschluß Rudolfzell; hoheitsvoll überreicht sie meiner Tante Minna gleich nach dem Piepton den Hörer.

Meine Tante Minna läßt sich nicht lange bitten.

»Lieber Volker!« ruft sie mit dreifacher Zimmerlautstärke, um die gewaltige Entfernung bis zum Bodensee zu überbrücken. »Lieber Volker! Alles Gute zu Ihrem heutigen Wiegenfest wünscht Ihnen von ganzem Herzen Ihre liebe Mutter ...«

Oh, Mann!

Da hat Lene Lüttjehann wieder allerhand zu erzählen. Sogar mir berichtet sie ausführlich von diesem grausamen Spiel.

»Lene, Lene!« sage ich. »Kleine Sünden bestraft der Liebe Gott sofort – besonders in Mecklenburg und Vorpommern.«

Dies sollte eigentlich nur eine leere Drohung sein. Es dauert dann aber keine vier Wochen mehr, bis die privatisierte Deutsche Post AG ihre Filiale dichtmacht.

Eins zu null für Tante Minna!

Seitdem ist Lene depressiv.

Meine Tante Minna aber ist ganz schön obenauf.

Gevatter Heinz

Wie man sich bettet, so liegt man«, sagt meine gute, alte Tante Minna.

Mein Freund Heinz sieht das ganz genauso.

Geräuschvoll klappt er seinen schwarzen Aktenkoffer auf, greift eine Handvoll Formulare heraus, stukt sie auf Kante und plaziert sie vor sich auf die Tischdecke, die Preislisten obenauf – der Tod kommt nicht zum Nulltarif.

Tante Minnas schwarzer Pudelmischling Scharlie sitzt mit schiefem Haupt und gespitzten Ohren daneben.

Tante Minna zeigt mit dem Finger auf Heinz: »Kuck dir den gut an, Scharlie, das ist der Onkel von der Pietät.«

Scharlie wedelt mit dem Schweif.

Er versteht jedes Wort.

Ich hänge in Tante Minnas Fernsehsessel und sage vorsichtshalber gar nichts. War es richtig, Heinz den Weg in Tante Minnas gute Stube zu bahnen? Oder war es genau das Verkehrte?

Zur Feier des Tages trägt er ein dunkelgraues Jackett samt schwarzer Fliege. »Es gibt weiß Gott erfreulichere Themen«, seufzt er, »aber leider, es hilft ja nicht, der Mensch, hierin der Maschine gleich, ist anfällig gegen Verschleiß, uns allen schlägt einmal die Stunde, Tante Minna, irgendwann gehen wir alle auf die letzte Reise ...« Er sagt einfach Tante Minna zu meiner Tante Minna! Na ja, warum nicht, wenn es hilft ...

»Ich hätte da für Sie zur Auswahl erstens eine Erdbestattung, zweitens eine Feuerbestattung und als Highlight eine zünftige Seebestattung ...«

»Heileid?!« Meine Tante Minna horcht auf.

Was sie sich auf ihre alten Tage noch für Albernheiten anhören muß! Compjuter, Hendi, Internetz, und nun haben sie auch noch die Beerdigung in Heileid umbenannt. Heinz, studierter Anglist mit Karriereknick, erläutert den Sinn der Vokabel Highlight und ihre Unverzichtbarkeit für die deutsche Bestattungskultur.

Der kluge Scharlie nickt.

Im Gegensatz zu ihm versteht Tante Minna nur Bahnhof und blickt gelangweilt himmelwärts. Unter Seebestattung, ja, darunter kann sie sich schon eher was vorstellen. Lebenslang hatte ihr Mann, mein vor Jahren heimgegangener Onkel Hermann, als Schleusenwärter eine sentimentale, wenngleich unerfüllte Liebe zum weiten Meer gefühlt. Gern hätte er in seiner Jugend auf einem Panzerkreuzer angemustert. Die Kriegsmarine jedoch überwies ihn brutal zur Infanterie. Nach dem Krieg standen für ihn als Arbeiter-und-Bauern-Sohn die Chancen grundsätzlich besser, eine Seemannskarriere aber blieb ihm verwehrt. Die Arbeiter-und-Bauern-Macht hatte ja gar kein Schiff, geschweige denn eine Flotte, und meinem Onkel Hermann blieb nichts weiter übrig, als seine Seetauglichkeit bei Doppelkümmel und Doppelkorn in der Bahnhofsgaststätte immer und immer wieder nachzuweisen.

»Seebestattung ist ausgesprochen günstig!« Energisch tippt Heinz mit dem Kugelschreiber auf seine Preislisten. »Seebestattung ist geradezu ein Schnäppchen. Warum? Ganz einfach, Tante Minna! Weil die Friedhofsgebühren komplett flachfallen, das ist das Schöne an der Seebestattung.« Die Hinterbliebenen, schwärmt er, gehen in Büsum an Bord der *MS Nordstern*, und zwei Stunden später übergibt Käpt'n

Grapp vor den roten Klippen von Helgoland der wogenden See die Öko-Urne mit der Ehrenschleife und den sterblichen Überresten, dazu spielt er auf dem Schifferklavier *La Paloma*, läßt feierlich die Flagge niederholen und die Schiffsglocke läuten, na, das ist doch was.

Unbeeindruckt von diesem poesiegestützten Marketing fragt Tante Minna ganz prosaisch nach dem Preis.

Das hat sie immer so gemacht.

Und das soll auch so bleiben.

Der ganz und gar unglaubliche Preis ruft bei ihr nur ein schepperndes Hohngelächter hervor. »Ein Schnäppchen!« Sie schlägt die Hände über dem Kopf zusammen. »So was nennt sich Schnäppchen heutzutage!« Gottergeben faltet sie die Hände. »Nehmen ist seliger denn Geben, sagt unser Pastor ...«

»Immerhin erhalten Sie einen gesiegelten Logbuchauszug mit Wassertiefe, Windrichtung, Windstärke und genauer Position, nördliche Länge, östliche Breite, diese Sachen ...«

Tante Minna ist die Wassertiefe so egal wie die Windrichtung.

Scharlie lächelt ironisch.

Heinz jedoch, einmal in Fahrt, läßt sich so einfach nicht in die Defensive drängen: »Schön, die Seebestattung also nicht, wie aber wär's dann mit einer modernen kosmischen Bestattung?«

»Nanu!« Tante Minna hebt die Brauen. »Was hat denn die Kosmetik auf'm Kirchhof zu suchen!«

»Mit einer kosmischen Bestattung, Tante Minna!«

»Das ist ja noch schlimmer! Ein Begräbnis ist 'ne ernste Angelegenheit, da hat Karl Dall gar nicks bei zu suchen!«

»Nein, es geht auch nicht um Komik, Tante Minna, sondern um eine Bestattung im All, im Schein der Sterne und Planeten, mit einem kleinen, erschwinglichen Zuschlag bei Vollmond. Ihre Asche wird in eine Kapsel gefüllt ...«

»Meine Asche? Warum denn grade meine?«

»Die Asche des Verstorbenen! Ein Teil der Asche, genauer gesagt, wird in eine Kapsel gefüllt und mittels Rakete in den Weltraum abgefeuert ...«

»Alles gut und schön«, sagt Tante Minna, »und was wird aus Scharlie?«

Scharlie schweigt.

Heinz kuckt mich an.

Ich kucke Heinz an.

Scharlie kuckt von einem zum andern.

Alles ist so maßlos traurig.

Heinz war an der *Humbug-Universität* abgewickelt und freigesetzt worden wegen Staatsnähe oder Staatsferne, was weiß ich, vielleicht wegen seiner Sommersprossen, vielleicht auch nur, weil depressive stellungsuchende Anglisten in Deutschland rudelweise umherirren. Zum Glück hat er ein stark ausgeprägtes Talent fürs positive Denken und schärft sich immer und immer wieder ein: Wenn du irgendwo raus fliegst, Heinz, begreif es als Chance, halt die Ohren steif, laß dich nicht unterkriegen!

Nie und nimmer vergesse ich jenen Tag im November, an dem er die Annonce entdeckte, die seinem Leben wieder einen Sinn gab: Bestatter – ein Beruf mit Zukunft!

Jeder Heringsbändiger, jeder Schrippenarchitekt hat heutzutage die Freiheit, von einem Tag auf den anderen ins Bestattungsgewerbe zu wechseln, wußten Sie das? Er braucht nur einen halbwegs sauberen schwarzen Frack und einen Gewerbeschein zum Preis von fünfunddreißig Mark. Und ein bißchen rechnen sollte er können, das vor allem.

Seit jenem Tag versucht Heinz im Namen und zugunsten der *Firma Last Minute Trauerberatung*, Bestattungskandidaten zu akquirieren. »Der Tod gehört zum Leben dazu«, sagt er sich dreimal täglich nach dem Essen. Von der vagen Aussicht auf Provision gepeitscht, grast er Altenheime, Seniorenklubs und Sozialstationen ab; unverdrossen bietet er seinen Schnupperkurs *Sterben, Tod und Abschiednehmen* an. Krankenschwestern, Rettungswagenfahrern und Polizisten schmeichelt er diskret und zu geldwertem Vorteil einschlägige Hinweise ab. Nicht mal den Freundeskreis verschont er, den am allerwenigsten.

Auch mir legt er von Zeit zu Zeit die *Bestattungsvorsorge zu Lebzeiten* wärmstens ans Herz. »Vorsorge ist klasse! Du kannst dein Begräbnis haargenau so planen, wie du selbst es gern erleben möchtest, wenn du selbst es erleben könntest. Du selbst entscheidest, wie teuer dein Sarg sein soll, ob ein kleiner Trompeter blasen oder ein großer Geiger geigen soll, ob er *Time to say good-bye* fiedeln soll, den *Schneewalzer* oder *'s is Feierohmd.* Und außerdem«, fügt er mit diesem widerlichen Kondolenztremolo hinzu, »gibt es für die *Vorsorgelebensversicherung* bei *Last Minute* entschieden höhere Zinsen als bei der Sparkasse.«

Was macht man als Freund, wenn es mit einem Freund so weit gekommen ist?

Man läßt ihn nicht im Stich! Und wenn irgend möglich, organisiert man ihm beruflichen Rückenwind, indem man beispielsweise überlegt, wer aus der Verwandtschaft oder Bekanntschaft als Kunde eventuell in Frage kommen könnte ...

Die komisch-kosmetische Bestattung hat zu Verstimmung und Sprachlosigkeit der Verhandlungspartner geführt.

»Tante Minna«, sage ich aus der Tiefe des Raums, »hör dir das alles doch erst mal in Ruhe an!«

Dankbar wirft Heinz mir einen Blick zu.

»Erst mal das Wichtigste!« sagt Tante Minna. »Was kostet der Sarg?«

»Je nachdem, das ist ganz unterschiedlich ...« Heinz legt

sich bei der Preisgestaltung ungern nach unten fest. »Ich kann Ihnen aber versprechen, Tante Minna: Bei uns liegen Sie richtig!«

Tante Minna ist eine Zeitungsleserin und weiß, daß die steigenden Bestatterpreise Leuten mit schwachem Herzen zum tödlichen Verhängnis werden können, hat's alles schon gegeben. Sie selbst erfreut sich zum Glück eines robusten Herzens: »Raus mit der Sprache, junger Mann, was kostet der Sarg?«

»Kommt ganz drauf an ...«

»Ach! Und worauf, wenn ich fragen darf?«

»Darauf, ob Sie sich, was ich nicht annehme, mit einem Billigverbrenner aus dem Sarg-Discount zufrieden geben oder ob es, sagen wir, der Designersarg *Raskolnikoff* sein soll, Tante Minna, mit Schmuck-Blutspritzern und integrierter Axt ...« Heinz läßt den Profi ganz lang raushängen.

Wie kann er bloß so bescheuert sein!

»Was kostet der Sarg?« beharrt Tante Minna. »Wenn sich da einer reinlegen soll, muß er ja vorher wenigstens die Preise kennen ...«

»Selbstverständlich, das sollen Sie, das werden Sie, dazu bin ich ja da, Preisvergleiche lohnen immer, nicht nur im Leben, sondern auch darüber hinaus ...«

Hektisch blättert er in seiner Preisliste.

»Allerdings, auch das sollten wir berücksichtigen: Der Sargpreis ist, so leid es mir tut, nur ein Teil der Kosten, erfahrungsgemäß kommt noch eine Kleinigkeit hinzu für das Totengewand, für Decke und Kissen, für den Pastor und den Grabstein, für die Musik, für Kühlung, Schleifen, Kerzen, Kandelaber und Blumendekoration, Arztkosten, Einbettungsgebühr, Auslagen für Porto und Telefon. Und natürlich für Trinkgelder, klar ...«

»Trinkgelder?«

Tante Minna erstarrt, als hätte ein Schuß sie getroffen!

»Für Trinkgelder?«

Scharlie fixiert Heinz mit stahlhartem Blick.

Heinz kuckt hilfeheischend zu mir rüber, ich aber weiche diesen Blicken feige aus. Dabei trifft ihn an Onkel Hermanns Neigung zu geistreichen Getränken und an seinem letalen Leberschaden doch nun wirklich keine Schuld.

»Trinkgelder?« wiederholt Tante Minna.

Scharlie schüttelt fassungslos den Kopf.

Nichts ist mehr, wie es eben noch gewesen ist.

Heinz, so scheint mir, ist seiner Aufgabe nun nicht mehr so recht gewachsen. Hätte ich ihn vielleicht doch besser vorbereiten sollen? Ach was, ich hätte in bezug auf meine Tante Minna erst gar keine falschen Hoffnungen wecken dürfen! Bei bester Gesundheit überlebt sie einen Altersgefährten nach dem anderen und freundet sich allmählich mit dem Gedanken an, unsterblich zu sein. Ihre Lieblingsbeschäftigung besteht darin, die schwarz geränderten Anzeigen in der Zeitung zu kommentieren mit Bemerkungen wie: »Da geht er hin und singt nicht mehr ...« Und dann gibt es ja auch noch die Tage, an denen dem Setzer ein Malheur passiert, das seinen traurigen Texten plötzlich und unerwartet eine heitere Note verleiht: Ein treues Mutterherz und zwei nimmermüde Hände haben aufgehört zu schlagen ...

Ein ungutes Schweigen breitet sich aus in der guten Stube.

»Na denn, vielen Dank auch für Ihren Besuch!« Tante Minna erhebt sich. »Gott sei Dank hat der HERR uns bei unserer Geburt das Leben nicht verkauft, sondern bloß geschenkt, dadurch wird das Sterben man bloß noch halb so teuer.«

Rein rechnerisch ist das richtig, das weiß auch Gevatter Heinz. Wie ein Häufchen Elend sitzt er da – ein Unglücksrabe, ein Gescheiterter, ein Geschlagener, o Tod, wo ist dein Stachel, o Hölle, wo ist dein Sieg, und wo eigentlich ist die Unterschrift unter den Vertrag über *Vorsorge noch zu Lebzeiten*?! Deprimiert verstaut er Formulare und Preislisten in seinem lächerlich eleganten schwarzen Aktenkoffer.

Das hab ich nicht gewollt.

Auch Tante Minna macht der Anblick zu schaffen.

Sogar Scharlie läßt die Ohren hängen.

Das bringt Tante Minna dann aber schließlich doch noch auf eine Idee. »Vielleicht«, sagt sie, »wär' das ja irgendwann mal was für Scharlie ...«

Sofort erwacht mein Freund Heinz zu neuem Leben. Aber ja doch, bitte sehr, bitte gern, natürlich hat er erstklassige Verbindungen auch zur Branche der Kleintierbestatter, na klar doch! Aber hundert Pro!

Scharlie wedelt mit seinem Schweif, woraus Heinz auf Scharlies Interesse schließt. Erneut packt er seine Formulare aus, und schon geht's wieder los: »Uns allen schlägt einmal die Stunde, und auch der Hund, Tante Minna, hierin dem Menschen gleich, ist anfällig gegen Verschleiß ...«

Willem Tell

Mein Freund Arno ist Regisseur am hiesigen Stadttheater, und zwar einer von diesen höchst sensibilisierten Neoavantgardisten, die nicht davor zurückschrecken, Hamlet im Frack auf die Bühne zu stellen, auch in Jeans, zur Not sogar in langen Unterhosen.

Arno geht in jedem Fall über den Dichter hinaus. Er übermittelt seinem Publikum mit jedem Stück eine Botschaft, ganz egal, ob eine drin ist oder nicht. Für dieses künstlerische Credo hält er immer wieder die Rübe hin. Er präsentierte schon Falstaff als Abstinenzler und Mäcki Messer als Helfer der Volkspolizei.

Kürzlich inszenierte Arno den ›Wilhelm Tell‹, und diese Produktion brachte ihm von allen Seiten ungeteiltes Lob ein, sogar von meiner Tante Minna.

»Wo«, fragte mich Arno eines Tages, »krieg ich einen original mecklenburgischen Bauernschrank her, so was echt Rustikales?«

Ich verriet ihm, daß bei meiner Tante Minna auf dem Lande so ein Schrank stehen müsse ...

Er wollte ihn sofort kennenlernen.

Kennenlernen, sagte ich ihm, müsse er vor allem Tante Minna! Wenn er, Arno, sich von seiner charmanten Seite zeige und sie ihn in ihr gutes, altes Tantenherz schlösse, dann, da sei ich ganz sicher, werde ihn der Schrank keinen Pfennig kosten; abstauben werde er ihn, als Geschenk, als Souvenir.

»Na, und charmant sein«, sagte ich gehässig, »das kannst du doch wohl, Arno, irgendwas mußt du doch können!«

Er trug fast ein bißchen zu dick auf, als wir Tante Minnas Küche betraten.

»Guten Tag, junge Frau«, flötete er und deutete elegant einen Kratzfuß an.

Tante Minna musterte Arno kurz, aber kritisch und fragte so hochdeutsch wie möglich: »Nanu, was is das denn für'n Unikum?«

»Das«, sagte ich, »das is mein Freund Arno, der is Theaterregisseur, un für die Klapsmühle is er auch schon angemeldet.«

»Na, denn will ich man gleich den Kaffee aufsetzen«, sagte Tante Minna. »Geht man durch in die gute Stube, mein Schieter.«

Arno grinste unverschämt, und ich war nicht sonderlich erbaut davon, daß Tante Minna einen so duftigen Kosenamen in Anwesenheit Dritter aussprach.

Wir sahen uns um in der guten Stube.

Wir sahen uns in der Schlafstube um.

Der Schrank war weg!

Arnos Grinsen wich einem Ausdruck weinerlicher Ratlosigkeit.

Wir marschierten zurück in die Küche, und ich fragte ganz beiläufig: »Wo is dien oll Schapp awbläben, Tante Minna?«

»Ach, dat oll Ding«, sagte Tante Minna, »dat steht nu in' Schuppen!«

Diese gute plattdeutsche Nachricht hatte Arno, der aus Mengersgereuth-Hämmern in Thüringen stammt, nicht nur gehört, sondern auch gleich kapiert.

Ein Prunkstück war der Schrank nicht gerade mehr. Unter einer dicken Staubschicht war seine schultafelgrüne Farbe nur noch zu ahnen, und der Holzwurm hatte schon ganze Arbeit geleistet.

»Sie haben da«, schwärmte Arno, »aber wirklich einen zauberhaften alten Schrank!«

»Ach, woher denn!« sagte Tante Minna, während sie den Streuselkuchen schnitt, »so alt is er je denn nu auch wieder nich. Ich hab ihn zu meiner Hochzeit gekriegt, neunzehnhundertneunundzwanzig.«

»Ach trotzdem!« Arno lächelte schelmisch. »Mir gefällt er.«

»Tjä«, sagte Tante Minna, als wir am Kaffeetisch saßen, »ich brauch ihn woll nich mehr.«

»Na, wunderbar!« rief Arno und küßte Tante Minna die Hand.

Das machte sie mißtrauisch.

»Was waren Sie doch von Beruf, Arno?«

»Theaterregisseur«, sagte ich.

»So, Theaterretuscheur, hm, hm ...« Sie grübelte in ihre Kaffeetasse hinein. »Wir waren je neulich auch nach'n Theater hin, nach Schwerin, nach'e Landeshauptstadt.«

Arno wandte sich ihr interessiert zu: »Und welches Stück, Tante Minna, haben Sie sich angesehen, wenn ich fragen darf?«

»Tjä, woans hat das geheißen?« Hinter Tante Minnas Stirn arbeiteten die Relais. »Düwel ok, der hatte doch noch so'n durch un durch plattdeutschen Namen ...«

Arno hätte ihr gern auf die Sprünge geholfen, aber ein Stück mit durch und durch plattdeutschem Namen hatte er nicht im Repertoire.

»Willem!« jubelte Tante Minna und schlug mit der flachen Hand auf den Tisch, daß die Kaffeetassen klirrten.

»Wilhelm Tell!« brüllte Arno.

»Wir«, gab Tante Minna zu bedenken, »hatten hier bei uns in Ruthenbeck ja auch mal eins'n Willem Nell wohnen ...«

»Wilhelm Nell?« sagte Arno. »Interessant. Sehr, sehr interessant!«

»In'n Armenkaten hat der gewohnt, das muß wohl so um achtunzwanzig, neunundzwanzig rum muß das gewesen sein, der hat das auch nich leicht gehabt, nee, leicht hat der das nich gehabt ...«

Arno fiel ihr ungeduldig ins Wort: »Aber wie hat Ihnen denn nun mein ›Tell‹ gefallen, Tante Minna?«

»Ach, so als Mann ...« Tante Minna lächelte verwegen. »Ich mein', das war ja nu würklich'n staatschen Kerl, un denn noch Schweizer von Beruf!«

»Schweizer?« Arno sah sie überrascht an. »Schweizer? Von Beruf?«

»Schweizer«, erklärte Tante Minna, »Schweizer sind Melker, das kennen Sie nicht so, Arno, Stadtmenschen kennen das nich so genau.«

»Schweizer«, sagte Arno, »sind in diesem Fall Schweizer und keine Kuhmelker!«

Ich trat ihm unter dem Tisch gegen eins seiner beiden Schienbeine.

»In dem Stück kommen Kühe vor!« Tante Minna hob wachsam den rechten Zeigefinger. »Die Kuhglocken hab ich deutlich gehört, un wo die Kühe sind, da is der Schweizer nich weit von weg!«

»Na schön«, lenkte Arno ein, »aber wie hat Ihnen denn nun mein ›Tell‹ gefallen?«

»Glück hat er gehabt!« sagte Tante Minna. »Daß er nich mein Mann gewesen is! Ümmer- und ümmerzu muß er mit'n Flitzbogen rumlaufen, un Hedwig, seine Frau, die sagt noch: Laß bloß den Flitzbogen hier, Willi! Nimm bloß das Kind nich mit, Willi! Un Willi, der nimmt den Flitzbogen denn aber doch mit un den kleinen Walter auch, un denn müssen sie natürlich auch noch an der Fahnenstange vorbei, wo der

Hut auf hängt, der Schappoklapp von diesem Gießler oder Geißler!«

»Geßler!« sagte Arno.

»Der Hof hier in Hof Ruthenbeck«, erläuterte Tante Minna, »da hat auch mal eins ein gewisser Geißler auf gesessen, den mochte auch keiner leiden, nee! Das war so'n richtiger Junker war das! Un der Geißler in euerm Theaterstück, der is nich viel besser. Ich versteh gar nich, warum ihr so'n Schweinehund überhaupt noch mitspielen laßt.«

»Der Geßler ist ein sehr netter Kollege«, sagte Arno, noch bevor Tante Minnas bitteres Lachen verhallt war.

Wie konnte er bloß so bescheuert sein! Auf Tante Minnas kostbaren Bauernschrank reflektieren, und in ihrer guten Stube die Partei eines Tyrannen ergreifen!

»Ich halt nicks von dem Geißler«, sagte Tante Minna, »aber auch gar nicks. Läßt den Willem Tell auf den Jung' abdrücken! Den Vater auf sein eigen Fleisch un Blut! Un die Äpfel, die werden ja auch nich besser von der Ballerei! Nee, was war das'n feiner Cox Orange ... Aber wenn er einmal kaputtgeschossen is, denn will ihn nachher keiner aufessen, is das denn nich schade um die Fitamine? All die schönen Fitamine!«

Arno, der inzwischen allerhand begriffen hatte, ballte so, daß Tante Minna es sehen mußte, die Faust: Kampf dem Verderb von Obst und Gemüse!

»Tjä«, fuhr Tante Minna fort, »nu konnte der Tell den Geißler je überhaupt nich mehr verknusen, un der Tell, der war ja auch keine Angsthose, der war so'n richtiger sturer Mecklenbürger, war der ...«

Ich fixierte Arno mit stahlhartem Blick.

»Na, najaaa«, stammelte Arno, »das Stück spielt ja auch ... in Mecklenburg, in der Mecklenburgischen Schweiz, genauer gesagt!«

»Ich weiß das«, sagte Tante Minna, »das spielt in der

Teterower Gegend. Un der Willem Tell, der stellt sich je nu mit sein' Flitzbogen in die Tannen, un denn sagt er: Durch diese hohle Gasse muß er kommen ...«

Und Arno vollendete: »Es führt kein andrer Weg nach Wismar!«

»Un denn kommt der Geißler angaloppiert, un denn legt der Tell auf ihn an, un denn hat er sich aber gerächt. Nee, wat hett he sick recht! Bautz, hat er den Geißler totgeschossen.«

»Dat schad't em gor nicks!« rief ich.

»Nee, dat schad't em ok nicks!« rief Tante Minna unversöhnlich.

Arno knirschte mit den Zähnen.

»Tjä«, sagte ich, »nu ward't woll Tied, Tante Minna.«

»Wir müssen«, sagte Arno und stand auf.

»Sie sind mir so'n kleiner Rechthaber, Arno!« sagte Tante Minna. »Ich wollte Ihnen den Schrank bald gar nich mehr lassen.«

Arno erbleichte.

»Aber ich will man nich so sein, nehmen Sie sich den bei Gelegenheit man eins mit.«

»Wir haben«, sagte Arno, »zufällig einen Anhänger dabei.«

»Na, denn man tau!« Tante Minna erhob sich und steckte uns zum Abschied noch ein paar Äpfel zu.

Übrigens: Cox Orange.

Wir aßen sie im Auto.

»All die schönen Fitamine!« rief ich.

»All die schönen Vitamine!« wiederholte Arno begeistert.

Aber bei ihm klang es nach nischt.

Denn, wie gesagt, er stammt aus Mengersgereuth-Hämmern in Thüringen. Aber davon merkt man leider nicht mehr viel; denn er spricht mit Vorliebe ein schauderhaft keimfreies Bühnendeutsch.